LABIRINTO
DA PALAVRA

Claudia Lage

LABIRINTO DA PALAVRA

EDITORA RECORD
RIO DE JANEIRO • SÃO PAULO
2013

CIP-BRASIL. CATALOGAÇÃO NA FONTE
SINDICATO NACIONAL DOS EDITORES DE LIVROS, RJ

Lage, Claudia

L17L   Labirinto da palavra / Claudia Lage. – Rio de Janeiro:
Record, 2013.

ISBN 978-85-01-40133-5

1. Crônica brasileira. I. Título.

13-0141   CDD: 869.98
                                             CDU: 821.134.3(81)-8

Copyright © by Claudia Lage, 2013

Capa: Flavia Castro

Editoração eletrônica: Abreu's System

Texto revisado segundo o novo Acordo Ortográfico da Língua Portuguesa.

Direitos exclusivos desta edição reservados pela
EDITORA RECORD LTDA.
Rua Argentina, 171 – 20921-380 – Rio de Janeiro, RJ – Tel.: 2585-2000

Impresso no Brasil

ISBN 978-85-01-40133-5

EDITORA AFILIADA

Seja um leitor preferencial Record.
Cadastre-se e receba informações sobre nossos lançamentos e nossas promoções.

Atendimento e venda direta ao leitor:
mdireto@record.com.br ou (21) 2585-2002.

Sumário

Parte I

Ficção e experiência	9
Nem criador, nem criatura	15
Os mundos da narrativa	19
A primeira página	23
A última página	27
Diários de viagem ou Esta noite não durmo	31
O enigma da palavra	37
Labirinto de palavras	41
O transitório trono da crítica	45
De Ulisses a Ulisses — (Canto I)	49
De Ulisses a Ulisses — (Canto II)	53
A vida depois do livro	57
Nossas heranças, nossos desterros	63
A escuta de Flaubert	67
As irmãs de Shakespeare	71

Parte II

Entre ruínas e livros	79
Leitura às escuras	83

Pão e poesia 87

Tiro nas letras.. 91

O primeiro encanto, a primeira vertigem 95

A política das estantes 101

O meu professor de literatura.. 105

Livros na fogueira.. 109

Parte III

Perto do coração da linguagem.............................. 115

O músico em Cortázar 119

As pessoas, os escritores.................................... 123

A ilha de Tchekhov.. 127

A máscara da ficção 131

Realidade imaginada.. 135

Reflexos de Pessoa 139

A palavra visionária de Artaud.............................. 145

A pequena chama de Mansfield.............................. 149

Palavras do Sol.. 153

Saramago, demasiadamente Saramago........................ 157

Palavras na brisa noturna.................................... 161

Entre escritores e estantes (I) 165

Entre escritores e estantes (II)................................ 169

Prosa, poesia porosa 173

Só é louco quem não é...................................... 177

Escrita pura, escrita contaminada............................ 181

O talismã do escritor 187

PARTE I

Sobre a Escrita, processo criativo, enredo, personagens, mundos da narrativa, heranças e desterros estéticos, angústias da primeira e última páginas, mergulhos e afogamentos literários.

Ficção e experiência

O resgate da infância, disse Ernesto Sábato a respeito do que era para ele a ficção, ou a ânsia de uma sensação ínfima de eternidade, ou de possibilidades criativas, de libertação. Ainda a necessidade humana de traçar outros caminhos, lançando ao mundo personagens que parecem de carne e osso, mas que pertencem somente ao universo dos fantasmas. Frutos da nossa imaginação, que assombram, mas também nos representam sem nos comprometer. Máscaras, simulacros, onde forjamos uma realidade que nos diz mais do que a nossa. Disfarçados de outros, alcançamos a nós mesmos. Verdadeiros artifícios da expressão humana. Como atores no palco, estamos ali e não estamos, somos e não somos. *To be or not to be*, exclamou o jovem Hamlet, ciente de que seria necessário enlouquecer, ou representar a loucura, para recuperar a própria lucidez diante da realidade cínica e cruel perante os seus olhos. Não sustentou o artifício até o fim, ou ao menos não saiu impune da própria encenação. Ninguém sai, e que não se tire disso nenhum ensinamento, disse uma vez o escritor Henry Miller. A arte nada ensina, senão a significação da vida. Não importa quem somos, e se é verídico ou não o que contamos, importa que existimos, e neste fato reside o frágil elo que nos une. Tudo que passa por nós, verdade ou invenção, forma a nossa existência. Nós somos ao mesmo tempo o que nos acontece e o acontecimento. O tempo é um rio que me arrebata, disse Borges, mas eu sou o rio; é um tigre que me destroça, mas eu sou o tigre; é um fogo que me consome, mas eu sou o fogo. O mundo, desgraçadamente, é real; e eu, desgraçadamente, sou Borges.

André Gide ouviu de um amigo, também escritor francês, que não lia outros escritores para não perder a originalidade. Se já era difícil ser original no berço da civilização, imaginava as dificuldades das Américas. Ernesto Sábato riria do comentário, pois para ele é ingênuo pensar que só por pertencer ao berço da civilização se está mais protegido da influência. Nascemos, e nos influenciamos, comentou o escritor. Tudo se constrói sobre o que já foi feito anteriormente. Os próprios conquistadores, ao pisarem em terras americanas, imergiram em outra cultura, da qual não saíram ilesos. Do mesmo modo os nativos, ao encontrarem os conquistadores, já eram outros. Todos modificados, à força bruta ou à força da própria natureza. Não há nada no humano que seja puro, disse uma vez Julio Cortázar. Na arte ou em qualquer outra coisa. Para o bem ou para o mal, o escritor escreve sobre a realidade que sofreu e de que se alimentou. O modo como faz isso é outra questão, é o próprio ofício do escritor, que inclui também a escolha do seu tema. Para Cortázar, isoladamente o tema não basta para produzir boa literatura. Para produzir boa literatura é preciso construir significados. Significação determinada em certa medida por algo que se encontra fora do tema em si, por algo que está antes e depois do tema. O que está antes é o escritor, com a sua carga de valores humanos e literários, com sua vontade de fazer uma obra que tenha sentido; o que está depois é o tratamento literário do tema, o modo como o escritor ataca o seu assunto e o situa verbal e estilisticamente. Encontrar a medida e o equilíbrio entre o exercício estético e a comunicação do essencial de uma história é para Cortázar um dos principais desafios do escritor. De nada valem o fervor, a vontade de comunicar uma mensagem, ele disse, se se carece dos instrumentos expressivos, estilísticos, que possibilitem tal comunicação. Da mesma forma, de nada adianta o virtuosismo estético sem conteúdo. Para Ernesto Sábato, toda técnica é legítima se útil para os fins almejados, dentro do universo específico daquele livro, e ilegítimas as imitações e inovações feitas por pura imitação e inovação. É preciso dar um passo à frente, ainda que com os pés virados para trás. O importante é vislumbrar novos continentes, mesmo que já habitados. Proust disse que muitas vezes a originalidade consiste em usar um chapéu velho tirado do sótão.

Quando começou a publicar seus livros, em 1954, Carlos Fuentes escutava constantemente a seguinte frase funesta: "O romance morreu." Toda a sua geração se debruçava sobre a máquina de escrever sob os augúrios dessas palavras, que, entretanto, diante das páginas escritas e das ideias efervescentes, pouco significavam de concreto. Ainda assim, Gabriel García Márquez era um dos escritores que buscavam compreender a frase imperativa, que não admitia debates e ponderações. Os antigos territórios do romance tinham sido anexados pelos territórios da comunicação imediata, lhe disseram. A imaginação do mundo não acompanha mais o romancista. A proliferação da informação e dos seus meios de entretenimento alcançam veloz e facilmente as pessoas, e isso lhes basta, concluíram. García Márquez concordou que nunca haviam estado tão bem-informados, bem-comunicados e instantaneamente relacionados como naqueles tempos, mas tampouco tinha uma época gerado sentimentos tão desoladores. Nunca haviam se sentido tão incompletos, oprimidos e sozinhos. Nunca a informação os havia alcançado daquele modo, tão desconectada da expectativa e da experiência. Os dados e as imagens sucediam-se, abundantes, repetitivos, mas sem estrutura nem permanência em nossa vida interior. Fuentes continuou: O que pode dizer o romance que não se pode dizer de nenhuma outra maneira? O que pode dizer a linguagem literária a respeito de tudo que não é dito através da informação? Dizer, informar e informar-se, basta como experiência?, questionou o escritor.

Na época em que escrevia *Madame Bovary*, Flaubert escreveu em uma carta: é delicioso quando se escreve não sermos nós mesmos, mas poder circular por toda a criação à qual se alude. Hoje por exemplo, homem e mulher juntos, amante e amada ao mesmo tempo, passeei a cavalo por um bosque, em um meio-dia de outono, sob as folhas amareladas; eu era os cavalos, as folhas, o vento, as palavras que se diziam e o sol vermelho que faziam entrecerrar as pálpebras, afogados de amor. É graças à linguagem romanesca que como leitores temos acesso à beleza do momento narrado pelo escritor, não apenas sua experiência criativa, mas a sua percepção dela em relação ao mundo. Algo que a informação e a tecnologia não fazem e nunca poderão fazer. Não por incompetência, mas porque não é de sua natureza. Já a ficção literária, disse Ernesto Sábato, essa expressão híbrida do espírito humano que se encontra entre a arte e o pensamento, entre a fantasia e a realidade, pode deixar um testemunho profundo deste transe que é a existência, e, apesar dos inúmeros e inúteis decretos de morte, talvez ainda seja uma das únicas criações que pode fazê-lo.

Nem criador, nem criatura

Começar um novo livro significa muitas vezes iniciar um processo de completo isolamento. É desaparecer da vista das pessoas, e, muitas vezes, em si mesmo. O escritor está, desde a primeira frase, partido. Uma parte dentro de si, que antes da palavra original era palpável e acessível, de repente se esconde e se camufla. Propõe um jogo de captura e fuga, se torna um espaço próprio, que o escritor necessita acessar e do qual, muitas vezes, não consegue sair. Por mais que queira estar presente, inteiro no que pensa e faz, muitas vezes é impossível conciliar mente e corpo. Escritores, mesmo os de aparência mais inofensiva, são perigosos. Quando estão em processo criativo — e há aqueles que estão eternamente — não se pode contar com eles para nada. Estão sempre ocupados, escrevendo. Ou pensando sobre o que escreveram ou vão escrever. Não lhes diga que podem parar um instantinho para isso ou aquilo. Não podem. Não repita a pergunta que eles não escutaram por estarem distraídos pensando em outra coisa. Eles nunca vão te responder. Aliás, entenda de uma vez: escritores nunca estão distraídos. Não se engane. Eles simplesmente estão em outro lugar. Não por distração, como se tivessem escorregado desse mundo para outro, mas por escolha.

Há um preço para essa escolha, pago com sacrifício e sofrimento. Não pense que muitas vezes os escritores são cruéis e egoístas por vontade própria. Estão aprisionados pelas garras da ficção, essa é a verdade. Se faltam a um compromisso importante, não é porque não querem, mas não podem. Simplesmente, estão impossibilitados. Todo artista sabe: a arte é exigente. Ela cobra a vida, não aceita pouco, quer o que há de melhor. A paixão, a beleza, o afeto, a sexualidade, a dor, tudo o que o escritor vive não tem início nem fim nele próprio, mas toma rumo desconhecido para algum texto. É usurpado vorazmente pela escrita. Mas, preste atenção, não se trata do relato de fatos reais nem de memórias pessoais, o trajeto da vivência até o papel ultrapassa nosso entendimento. O modo que isso ocorre é obscuro, não se pode prever nem desvendar. Alguns escritores, os mais sofridos, lutam para decifrar o enigma. Se esgotam no esforço de compreender o que se passa. Minam as energias na inútil tentativa de controlar o processo criativo. Outros escritores, os mais raros, aceitam a parte escura do processo como companhia inseparável. Um sombra extra que se une à sua. Abandonam a rede de segurança sem medir a altura do precipício. Sim, muitas vezes fecham os olhos para não ver o despenhadeiro. Mas acreditam, ou querem acreditar, que a ficção é mais rica do que imaginam as suas referências pessoais, que ela não se contenta com afinidades, identificações, desejos criativos, ideias formais, racionalizadas, ou o que quer que tenha sido estipulado como seu caminho na escrita. Intuem que a ficção se alimenta do que nem se pode desconfiar. Ela arruma a sua própria forma de acontecer. É ela que penetra na sensibilidade do escritor, em sua memória, em seus afetos, e não ao contrário. Há escritores que conjecturam: é a ficção que vai buscar em suas existências o que lhe interessa. Não são eles o criador nem a criatura, mas uma espécie de espectro que ronda e assombra os dois.

Escrever um romance é construir um universo cuja única base sólida é o papel. Todo o resto se edifica no ar. O próprio chão onde se pisa é fruto da imaginação. Não há garantias de que estará ali no próximo passo. Por isso a constante sensação de corda bamba. Se escritores são invasores da vida alheia, sempre observando o outro e capturando-o para si — o seu abismo pessoal —, são em proporção maior invadidos, desconstruídos e usurpados por aquilo que observam. O que é alheio também lhes pertence. Ironicamente, quando escrevem, o que é seu torna-se também do mundo. Para alcançar a ficção, trazer à tona outras existências, o esforço interno é imenso. Muitas vidas habitam um escritor. Muitos desejos se somam aos seus. Muitos pontos de vista lhe cobram atenção. Já alertaram aos escritores que misturar-se nunca é seguro. Mas, em contrapartida, eles sabem que, na criação, a segurança raramente é válida.

Apesar do isolamento, é um engano achar que o escritor se esquece da vida lá fora. Do mesmo modo que necessita dos movimentos e espasmos da sua vida interior para escrever, precisa de tudo o que o mundo lhe oferece. Se o abandona por algum tempo, é porque tomou para si a tarefa de destruí-lo em sua imaginação e recriá-lo com a sua própria voz. Uma tarefa ambiciosa, que muitas vezes o anima e o recompensa, outras vezes o oprime e o embaraça. Entre a vida interior e a exterior, há muito que compor e recompor. Nesse sentido, escritores são corajosos. Pode ser porque, muitas vezes, não sabem dos perigos que correm. Se seguram no primeiro apoio à frente: a caneta e o papel em branco, o caderno ou o computador. E se satisfazem na crença de que o maior problema que podem enfrentar é a falta de ideias, um parágrafo ruim ou o bloqueio criativo. Nesse sentido, são covardes. Ou ambos. Não se engane. Escritores podem ser ao mesmo tempo duas coisas, ou até mais. Para eles, a coragem e a covardia nunca foram incompatíveis. Na literatura, é necessário antes de tudo aceitar que as discordâncias se encontram e, ainda assim, permanecem em desacordo.

Os mundos da narrativa

Minha amiga escritora anda lendo compulsivamente, sabe-se lá por que, o *Manifesto do Surrealismo*, de 1924. "Porque me inspira", ela respondeu. E me tranquilizou, embora eu não estivesse nervosa, "não vou sair por aí desfolhando livros e espetando as páginas em galhos secos de árvore", fazendo menção a uma manifestação surrealista, realizada na década de 1920. Ah, bom, respondi, para satisfazê-la. "Vou fazer algo pior", ela então me amedrontou. Sim, minha amiga tem uma queda para o gênero fantástico e o suspense: "vou escrever", disse, sem saber que quebrava totalmente minhas expectativas. Escrever não assusta a ninguém, a não ser, claro, e todo mundo sabe disso, a quem escreve.

Mas não foi sobre o perigo da escrita que minha amiga começou a falar, embora seja um assunto que muito me interessa, mas sobre a sua leitura do *Manifesto do Surrealismo*, e como esta alterou a sua visão literária. "Dizem que o surrealismo na literatura foi um fracasso", ela disse, "mas que fracasso é esse que até hoje alimenta e inspira?" A sua pergunta me fez lembrar, não de um escritor, mas da coreógrafa e dançarina Pina Bausch. Ela dizia, com a certeza que só uma pessoa que conhece os limites do corpo pode dizer — porque é a única que foi tão longe: "todo erro é sublime".

No *Manifesto*, o surrealista André Breton ataca ferozmente o "estilo informativo puro e simples" do romance do século XIX, conta minha amiga escritora. E ela é uma fiel devoradora de livros desse século, vale dizer. Quase sucumbiu quando Breton criticou um fragmento de *Crime e castigo*, do eterno mago russo, uma de suas paixões literárias, no qual há uma longa descrição do cenário. "A pequena peça na qual o jovem foi introduzido era atapetada de papel amarelo: havia ali gerânios e cortinas de musselina nas janelas, o sol poente lançava sobre toda ela uma luz crua. O quarto nada encerrava de especial. Os móveis, de madeira amarela, eram todos muito velhos", descreveu Dostoievski. "Uma descrição inútil", golpeou Breton, "que nada expressa ou revela." A minha amiga quis logo defender a sua paixão e discordar do surrealista, mas, como toda pessoa mais interessada no conhecimento do que em si mesma, seguiu em frente. "Serve apenas para retratar um ambiente, como um quadro realista", continuou Breton. "Não constrói nenhuma relação do personagem com o espaço, nem com a trama desenvolvida." "Foi aí que a minha mente girou", confessou minha amiga, "porque Breton mencionou uma palavra com a qual sempre me deparo, no processo da escrita, mas que não encontro em livros, ensaios, manuais e afins literários: relação."

Para minha amiga escritora, traçar relações entre os elementos da narrativa é o que dá consistência, dimensão e vitalidade ao texto. É o que une as pontas e tira da moldura estática as noções de espaço, tempo, enredo e personagens. Imediatamente, lembrei de um texto de Georg Lukács, que nada tinha a ver com o Surrealismo, mas que também comentava a respeito da descrição do século XIX. Em *Narrar ou descrever?*, Lukács analisa os romances *Naná*, de Zola, e *Anna Karenina*, de Tolstoi. "Devorei *Anna Karenina!*", minha amiga disse, "com suas seiscentas páginas." Eu também, exclamei. E suspiramos as duas, saudosas e famintas. Mas continuei: nas duas obras há referência a uma corrida de cavalos. Zola descreve minuciosamente essa corrida. A exatidão, plasticidade e sensibilidade da descrição revelam a preocupação formal em reproduzir com perfeição o que seria *realmente* uma corrida de cavalos, observou Lukács. A sensibilidade, neste caso, não estaria relacionada à experiência sensível do narrador ou dos personagens, mas sim ao grau sensível que pode ter uma lente ao captar e reproduzir a realidade.

"Mas há relação da corrida com os personagens e com o enredo?", quis logo saber minha amiga, já antevendo minha resposta: "Não." Para Lukács, a descrição acrescenta pouco ou nada ao enredo do livro e poderia ser suprimida. "E em Tolstoi?", ela perguntou, ela mesma lembrando que, na corrida de cavalos, em *Anna Karenina*, ocorrem acontecimentos cruciais à trama. As relações entre os principais personagens se modificam profundamente após o evento, também lembrei. "Ana descobre que está grávida pouco antes da corrida e decide dar a notícia a Wronski", minha amiga diz. "Wronski, durante a corrida, cai do cavalo, o que perturba intensamente Ana e provoca uma discussão decisiva entre ela e seu marido", eu digo. E Lukács ainda acrescenta: é possível ver a corrida de cavalos de Zola como um quadro estático, no qual os personagens principais permanecem inalterados e fixos. Em Tolstoi, as peças principais do romance se deslocam, interferindo no movimento umas das outras.

"Relação", minha amiga ressalta. Zola trabalha com seu objeto artístico — no caso, a cena da corrida de cavalos —

de maneira expositiva, realçando os seus aspectos visíveis, desvinculados do enredo e dos personagens, que aparecem quase como figuração na cena. Tolstoi relaciona o que é visível com os elementos que conduzem a trama, que são os personagens principais. "Tolstoi não descreve uma 'coisa': narra acontecimentos humanos", observou Lukács.

"Então, tanto Breton quanto Lukács", considerou minha amiga, "por mais diferentes que sejam, reivindicaram a relação entre as duas realidades: a interna e a externa, ou seja, o que se vê e o que se sente e pensa." Para Breton, a inspiração decorrente dessa interação entre o interno e o externo não deve ser vista como algo transcendente, mas como um processo humano, que alia o conhecimento intuitivo à consciência racional. A potência criativa não vem de uma força exterior a dominar o escritor. Pelo contrário, surge dentro dele mesmo, da sua subjetividade, do seu inconsciente, para emergir à consciência. A mente como mais um órgão sensitivo, um estímulo, não como um prisma observador e ordenador de tudo. Para a minha amiga, essa relação muda completamente a cabeça do escritor, tão acostumado a lidar com a literatura a partir de sua mente, como algo a ser elaborado por ela, e não a partir de sua imaginação, o que o aproximaria mais do universo criativo. A página em branco, realmente, como um universo a ser criado.

A *primeira página*

"Quando termino de escrever um livro sofro uma espécie de morte", disse uma vez o escritor americano Ernest Hemingway. "Demora para a vida, com todo o seu esplendor, ressurgir diante de meus olhos." Ele continua: "É um vazio imenso, só comparável ao que sinto quando começo a escrever outro", completou. "Essa experiência é a mais solitária de todas, porque só você está lá, diante da página em branco, e só você pode preenchê-la." A escritora Marguerite Duras não pensava muito diferente, "começar um livro novo é se defrontar com o deserto". Para ela, sentar-se diante da primeira página em branco era uma emoção incomparável. "Alguns escritores falam da angústia da página em branco. Mas, na minha opinião, a única, verdadeira e maior angústia, e o maior fascínio também, é a primeira página, e apenas ela, a semente, o início de tudo." Segundo a escritora, é nesta primeira página que o livro inteiro se revela, sem ainda estar pronto, se, aliás, um dia estará. "É o encontro do autor com a alma, não com o corpo do livro. O corpo vem depois, nas páginas seguintes."

"Sento e levanto mil vezes", disse o escritor Italo Calvino, numa entrevista, "mergulho numa ansiedade imensa ao iniciar um livro." A imagem é cômica, como são muitas vezes os livros de Calvino: o escritor se senta diante da página em branco, pronto para escrever, disposto a ordenar em frases e parágrafos os personagens e situações que surgem em sua mente, para minutos depois se levantar, inquieto com o vendaval de ideias e informações. Um turbilhão de vozes e imagens que o fazem andar pela casa, esbarrar em cadeiras, arrumar envelopes, abrir e fechar livros, para em seguida voltar ansioso à mesa e à página que o espera. Ritual que se repete incessantemente durante o dia, até as primeiras palavras assentarem enfim no papel.

"Há algo fascinante e aterrador na primeira página a ser escrita", Calvino revelou, "algo que está entre o mundo imaterial, a imaginação, e o material, a palavra." Por isso, provavelmente, a ansiedade, a angústia e a excitação diante da página em branco, especialmente a primeira. "Consciente ou inconscientemente, todo artista, e, no meu caso, todo escritor sabe que sua tarefa é extrema", disse uma vez o tcheco Milan Kundera, "tornar o universo vivo apenas em sua mente visível a todos. E, para isso, o autor possui como ferramenta e material apenas uma coisa: as palavras."

Escritores de outros séculos também se defrontaram com a página em branco. "Iniciar um livro é como preencher cuidadosamente um palco vazio", escreveu Gustave Flaubert em suas cartas a amigos, como Baudelaire, Victor Hugo e Maupassant, nas quais refletia corajosamente sobre o processo criativo. "Cada palavra é um objeto posto em cena, cada personagem é um ator que se coloca à beira do palco." A força dessa imagem é bastante clara: depois que se entra em cena, não há mais retorno possível. É preciso estar lá até o último fio de existência. E ser, e dizer, e sentir. E fundar assim um novo universo, uma nova realidade. Impressionado com a veemência e veracidade das cartas do amigo, o autor do célebre romance *Os miseráveis* lhe respondeu: "É exatamente assim que vejo o início dessa alegria e tortura que é a escrita de um novo romance. Alegria, porque enfim descarregamos no papel o nosso anseio criativo. Tortura, porque nunca sabemos como esse descarrego, essa terra recém-criada e ainda tão crua de habitantes, será para nós."

"A cada livro que escrevo cresce em mim a certeza", retrucou Flaubert, "de que é justamente essa tortura, de não saber o que virá adiante, nas próximas páginas, ou até mesmo nas próximas linhas, que mantém a vitalidade e o frescor da escrita." Para o escritor francês, está nas primeiras páginas, especialmente na primeira, aquela que o autor escreve tateando entre sustos e descobertas, o espírito genuíno do romance. "Sou eu que escrevo, mas, apesar disso, sou eu que parto em busca da realidade inventada por mim mesmo, e não ao contrário", confessou. "Sempre volto às primeiras páginas quando fico sem inspiração, ou quando começo a me repetir." E concluiu ao amigo: "É a realidade que criamos, e pensamos que dominamos, que, na verdade, nos domina." Como exemplo, cita a passagem do envenenamento de Madame Bovary: "Enquanto eu a escrevia, tinha nitidamente o gosto do arsênico em minha boca."

Mais próximo dos trópicos, um escritor contemporâneo afirmou: "Quando passo da primeira página, tenho a certeza de que não sobreviverei às outras, porque sei de antemão o trabalho exaustivo que será, diariamente, tirar água de pedra, tornar concreto e palpável o que não passa da ilusão mais pura. Mas, ainda assim, persistirei e levarei a cada página os sustos e riscos da primeira, vou chorar e rir a cada descoberta, e cada nascimento e morte nesse livro será uma parte de mim que vive e morre também, como se eu nada soubesse de antemão sobre a história e a vida daquelas pessoas, como se cada momento fosse desconhecido e novo, e exigisse de mim também o desconhecimento e a novidade." Como Flaubert, que sabia antecipadamente do envenenamento de sua personagem, mas nunca poderia imaginar que, ao começar a escrevê-lo, sentiria nos lábios o sabor do veneno.

A *última página*

Enquanto escrevia seu romance *O jogo da amarelinha*, de mais de seiscentas páginas, o escritor argentino Julio Cortázar passou por momentos difíceis. Exausto com o processo criativo que lhe exigiu uma dedicação extrema, muitas vezes só se alimentava porque sua mulher o forçava a comer, só dormia porque ela o levava para a cama, só tomava banho porque ela exigia. "Cheguei a um ponto que eu não sentia mais o meu corpo, nem a minha mente", disse o escritor, numa entrevista, "era apenas uma espécie de massa sensível que escrevia." Nessas horas, Cortázar lembrava-se comovido de Marcel Proust. "Que emoção indescritível ele deve ter sentido ao escrever a última página de seu romance!" Alcançar a última página, no caso do autor de *Em busca do tempo perdido*, significa ter ultrapassado sete volumes, vencido duas mil quatrocentas e quarenta e oito páginas e sobrevivido a treze anos sobre a escrivaninha. "Eu experimentava uma sensação de imenso cansaço ao verificar que todo esse tempo não só fora sem interrupção, vivido, pensado, segregado por mim, mas era a minha vida, era eu mesmo", revelou Proust, em um de seus cadernos de anotação, perto de terminar a sua saga literária. Escrever *Em busca do tempo perdido* tomou um tempo tão longo que a escrita tornou-se a própria vida do escritor.

"Como então terminar um livro?", indagou uma vez a escritora americana Mary McCarthy, "se ele se torna a nossa própria vida?" O processo diário da escrita inverte as nossas referências, disse a escritora. "No decorrer dos dias e dos meses, os personagens vão se tornando mais fortes, mais vivos do que as pessoas." Tudo que faz parte do imaginário — do processo criativo — se torna real. O mais real. Dá para ver, tocar, cheirar, falar, responder, escutar. "Virginia Woolf não ouvia vozes? Agora entendo o porquê", McCarthy profere, "são fantasmas sem espíritos. Fantasmas da nossa imaginação." Por isso, provavelmente, para alguns escritores é tão difícil chegar à última página. Abandonar aquele universo que se criou. E por isso há escritores que reescrevem tanto. A reescrita nada mais é do que o desenrolar da costura que permite costurar de novo. Permite ao escritor um recomeço, eternamente, como a Penélope de Ulisses. Borges já dizia: "publicamos apenas para não passarmos o resto da vida reescrevendo o mesmo livro".

"Agora, livro meu, vai, vai para onde o acaso te leve", disse uma vez o poeta Paul Verlaine, tocando numa ferida íntima de todo escritor. Há vida após o livro? Para o livro, sim, provavelmente. Seja curta ou longa, iluminada ou obscura, frívola ou intensa. Mas para o escritor... "Entre um livro e outro, estou morta", declarou nossa Clarice Lispector. "Ando pelas ruas sem rumo, entro e saio de lugares, numa tristeza inexplicável, num vazio imenso", disse Caio Fernando Abreu. "Quando termino um livro, tenho o mesmo sentimento da morte," afirmou Ernest Hemingway numa entrevista, "só que não há corpo." Para o americano Truman Capote, o próprio livro é esse corpo, que tanta falta fez a Hemingway, mas que, apesar da sua presença e concretude ao alcance da mão, nunca poderá ser enterrado. "Terminar de escrever um livro é como pegar uma criança, levá-la ao quintal e matá-la a tiros", Capote desabafou, numa conferência literária. A imagem, extremamente violenta, revela o desamparo do criador diante de sua criatura. "Está feito", continuou Capote, "e por mais belo e puro que seja, como uma criança, é preciso desfazer, só assim é possível começar de novo." O escritor americano, assim como Borges, mas de forma totalmente inversa, ressurge com o mito de Penélope. Enquanto Borges quer libertar a criação do seu criador, e o criador da criatura, para assim recomeçar a escrita, mas poupando a criatura, lançando-a ao mundo para se fazer e se perder, Capote precisava destruí-la, não deixar de sua criação rastros nem vestígios. Só assim poderia recomeçar, ser novamente criador, mas sem a lembrança de antigas criaturas, eternos fantasmas ao seu redor.

Por isso há escritores que nunca releem seus livros, nem mesmo suportam olhá-los. "Tenho náuseas", dizia Clarice. "Tenho medo", confessou Virginia Woolf. "Começo a rabiscar loucamente em todo o livro", contou Katherine Anne Porter. Realmente, uma vez, num jantar na casa de uma amiga, a escritora americana se deparou com um livro seu na estante. Apesar de saber que a amiga possuía o livro, que ela mesma o havia autografado, levou um susto imenso. Minutos depois, a amiga veio da cozinha e encontrou a escritora sentada no sofá, com o livro aberto no colo, uma caneta feroz entre os dedos, reescrevendo-o veementemente.

"A última página traz o alívio do trabalho cumprido, mas também uma grande angústia", revela a nossa Lygia Fagundes Telles. Ao chegar à última página, o escritor fatalmente se depara com a questão mais vital da literatura. E que, por isso mesmo, talvez a tenha evitado obsessivamente durante todo o percurso, como a um espelho que evitamos olhar, com receio do que iremos ver. "Cheguei ao fim porque realmente não há mais nada a ser dito?" Provavelmente, todo escritor se questiona, após o ponto final: "Ainda há algo a dizer?" E ainda: "Disse tudo o que queria?". E pior: "É importante e vital tudo o que disse?" E mais: "O que mais posso fazer?", ele se pergunta, numa angústia interminável de recomeços. Tentativas de dizer de outro modo o que não foi possível, ou o que foi mas ainda não se sabe, só se saberá se deixarmos livre a criatura, como Borges, se não matarmos a criança, como queria Capote. Se formos Penélopes de novas linhas e novelos, sobreviventes de nós mesmos.

Diários de viagem ou
Esta noite não durmo

Duas horas da madrugada, terça-feira.
Ontem fui ao centro da cidade. Fiquei lá, vasculhando os sebos. Saí de mãos vazias. Isso nunca tinha acontecido. Estou acostumada a encontrar o que procuro, ou a ter novas descobertas e desejos pelo caminho. Nunca vaguei entre as coisas, como se não houvesse um rumo para mim. Mas, naquele dia, perambulei entre livros e poeiras, e não sei, de verdade, o que procurava ou mesmo se procurava. O único momento em que me senti realmente buscando algo, sabendo o que era e onde encontrar, foi quando atravessei a rua para tomar um café. Até então, aquele havia sido um dia sem liberdades. Como é simples: um desejo, um objeto, uma direção, uma atitude — e basta, para começar ou acabar um novo mundo. Nas mãos, o sim ou o não da conquista. Isso, sim, é ser livre.

Mas, como nenhuma procura e nenhum desejo é inocente, mesmo os mais indefesos e recolhidos, eu sabia, e muito bem, o que queria. Queria que caísse em minha mente — como um livro pronto cai no chão, em toda a sua concretude — a ideia clara e definitiva do meu romance. Como se só o fato de estar entre outros livros pudesse me inspirar a escrever. Como se a existência dos livros ao redor contribuísse para dar forma e nascimento ao meu, que ainda não existe. Que ainda está em estado de latência, em outro plano. No vazio. Na ponta dos meus dedos, na palma deserta de minhas mãos.

Meia-noite, sexta-feira.

Depois de dias sem esperança, consegui escrever duas páginas razoáveis. O razoável pode não nos dar a ilusão das alturas, mas, às vezes, é o bastante. Ao menos, me fez entrar numa livraria com a impressão de estar mais perto dos livros, como se estivéssemos enfim nos aceitando com menos desconfiança. Contra todas as expectativas, descobri que o razoável pode, às vezes, nos levar ao êxtase. Bastaram duas páginas para eu vislumbrar a plenitude. Quando voltei à realidade e me fixei em alguma coisa, vi, com repentina nitidez e detalhes, numa prateleira, um exemplar de *Diário completo*, de Lúcio Cardoso.

Não só já ouvira falar muito desse livro, como já o havia procurado em vão. E, de repente, lá estava, na minha frente, em um dia que não o procurava. Era como se ele estivesse me esperando, como se fosse ele quem tivesse vindo ao meu encontro, e não ao contrário. Peguei o livro, com a estranha certeza de que ele seria muito importante para mim. Como quando se encontra pela primeira vez a pessoa que se amará e por quem se será inevitavelmente amado. Estão lá, no primeiro olhar, todos os outros.

Abri uma página ao acaso: "10/05/1950: 'Não são os acontecimentos que fazem um diário, mas a ausência deles.'" Li a mensagem, o rosto vermelho, como se tivesse levado um tapa. Sim, o que tenho feito além de registrar o que não faço? Ou o que tem me parecido impossível fazer? O que escrevo aqui, a não ser as minhas irrealizações? Fechei o livro sem coragem de abrir outra página, e o levei, com uma sensação entorpecida, até o caixa.

Em casa, coloquei-o na estante, ao lado de *O viajante*, livro póstumo e incompleto de Lúcio Cardoso, com o qual ele se debateu por nove anos, em várias versões, sem conseguir acabar de escrever. Lúcio desabafou: "Lamento o tempo que desperdiço ou que não encontro para escrever *O viajante*. Tão presentes sinto seus personagens que às vezes vou pela rua e sinto que não sou uma só pessoa, mas um acúmulo, que alguém me acompanha, repetindo gestos que agora são duplos, embaralhando minhas frases com uma ou outra palavra que não pertence à realidade, mas ao trecho que me obseda."

O mais assustador é que Lúcio Cardoso (L.C. daqui em diante) não ficava envolvido só com o Universo que criou, como também não era só uma pessoa, mas um acúmulo. Isso lembra Fernando Pessoa e seus outros "eus". Mas os "eus" de L.C. não traçavam limites entre a vida e a obra. Penetravam em ambos, criatura tomando conta do criador para depois cair mais uma vez em suas mãos e ser novamente dominada por ele, e logo após voltar a perfurar a sua individualidade, num interminável ciclo de renascimentos e mortes.

Cinco da manhã, quarta-feira.

Desde que comecei a ler o diário de L.C, tenho tido sonhos violentos, com pessoas em transe, almas ensanguentadas que se buscam. E, neste meu romance, quero escrever sobre a delicadeza, afetos que se esgarçam e se entrelaçam, não sobre a brutalidade da vida. Ultimamente, porém, pouco tenho escrito, só faço ler. Não. Escrevo sobre o que leio e sobre o que *não* estou escrevendo. Faço meu diário, ou faço ficção de mim mesma. "Este diário contém uma única nota: a tentativa de justificação de alguém que não conseguiu nada, e que provavelmente nunca conseguirá dominar as forças contraditórias que o movimentam. Alguém que procura, que examina sem descanso os próprios impulsos e os dos outros, alguém que sofre de uma única melancolia, a de estar vivo, num mundo de signos indecifráveis", disse Lúcio, digo eu.

Três da manhã, sábado.

Não consigo largar o livro de L.C. Praticamente abandonei a escrita do meu romance. Nem lembro qual foi a última coisa que escrevi. Às vezes, acho que estou fugindo desse momento de sentar e escrever. Esse momento que exige tanto. Outras vezes, sinto que estou me diluindo, deixando de existir em meio ao que leio. Vou lendo e pensando sobre a literatura, e quanto mais penso, mais ela me parece sem sentido. Como quando repetimos mil vezes uma palavra até desgastá-la de seu significado, a ponto de a acharmos absurda. Como disse Virginia Woolf, citação do próprio L.C.: "As pessoas sem palavras é que são felizes."

Duas horas da madrugada, terça-feira.

"Tenho a sensação de já ter vivido muito", escreveu L. C., "e de necessitar agora de um pouco de recolhimento para coordenar tudo o que vim recolhendo no caminho." L. C. quer o silêncio, estar disponível para a criação. Há a necessidade de "(se) recolher", transformar tudo em matéria-prima para o sonho, a imaginação, a escrita.

Quero também me sentir assim, disponível para o imaginário. A um passo da solidão ou do isolamento, da criatividade ou da loucura.

Meia-noite, domingo.

O silêncio é absoluto. Só os meus pensamentos fazem barulho. Tenho certeza de que esta noite encontro a minha escrita. Estava pensando que quanto mais escrevo sobre o que não escrevo, menos escrevo sobre o que realmente quero escrever. E mais escrevo sobre essa pessoa que não sou eu e que sou — quer dizer, este diário sobre outro diário, esta viagem sobre outras viagens, que me força a encarar isso. Isso que não sei. Talvez eu esteja fugindo, de cara para o abismo, de cara para o espelho. É ficção, não é. É tentador, ao mudar os pensamentos de mim para outros seres imaginários, ao ocupar-me mais com eles do que comigo, livro-me. E, ao mesmo tempo, me preencho, é essa minha esperança, será a de todos que escrevem? Li uma vez que os escritores que fazem diário o fazem para recordar de si mesmos, de quem são quando não estão escrevendo. Mas o estranho é que fazem isso com o próprio elemento do esquecimento: a escrita. Como se precisassem sempre desse movimento, o de lembrar e o de esquecer, a ficção que fazem do mundo, e a ficção de si mesmos.

O enigma da palavra

"Para escrever eu antes me despojo das palavras."
Clarice Lispector

Ontem, um amigo escritor me enviou um e-mail enigmático. "Por que você escreve?", me perguntou de supetão, sem preâmbulos nem despedidas. Disse enigmático e explico: o enigma da mensagem não estava exatamente na pergunta, comum nesse mundo desde que alguém pegou pela primeira vez papel e lápis, ou celulose e nanquim, ou terra e pedra, ou carvão e caverna. O enigma se escondia atrás da interrogação, remoía a sua semântica, sacudia o seu significado. O enigma se iniciava depois da pergunta, começava onde ela terminava. Após a sua existência. Depois que uma pergunta é feita (qualquer uma), esperamos ansiosos pela resposta (qualquer uma). Às vezes, a resposta justifica a pergunta, às vezes nos leva para outra questão. E o meu amigo me fazia pensar — não na pergunta em si, mas na necessidade dela. E pior, era aquele tipo de e-mail que exigia resposta, não admitia passar despercebido. Mas o que ele esperava que eu respondesse, afinal? Porque eu gostava, precisava? Porque me salvava, porque me doía? Porque era bonito, porque era triste? Eram respostas possíveis, mas nenhuma totalmente verdadeira para mim.

"O mundo é maior do que eu posso", disse uma vez um autor de livros maravilhosos, nunca publicados. E talvez essa fosse uma boa resposta para o meu amigo, que exigia uma definição. Não apenas a bela frase do autor desconhecido, mas o fato de ele escrever, independentemente de publicações. "Não me chame de escritor", ele me disse uma vez, quebrando minhas expectativas. Naquele dia, nos despedimos docemente. Ele, sabendo que o esperavam em seu escritório papel e caneta; eu, que assim que chegasse em casa ele inevitavelmente começaria a escrever. Para ele, não havia pressa, apenas uma palavra após a outra. Apenas um tempo que só ele conhecia e reconhecia em sua relação com a escrita.

Em 1919, muitos anos antes de o meu amigo me enviar o seu e-mail enigmático, o mago surrealista André Breton levantou a *enquête*, "*Pourquoi écrivez-vous?*" na revista literária *Littérature*. As respostas foram as mais variadas. Paul Valéry disse que escrevia por fraqueza; Louis Aragon, por exercício lúdico; Tristan Tzara, como refúgio de "todo ponto de vista". Lembrando de Breton, antes de responder ao meu amigo procurei a resposta de escritores de ontem e de hoje. "Escrevo para mim", disse a nossa Clarice Lispector, "para que eu sinta a minha alma falando e cantando, às vezes chorando." "Escrevo para não envelhecer", afirmou Hilda Hilst. "Escrevo porque tenho prazer em elaborar com palavras esse traçado de tantas vidas", declarou Lya Luft. "Escrevo para me expressar", falou Ferreira Gullar. "Quando escrevo não sinto a falta do outro, nem de mim", sentenciou Caio Fernando Abreu. E foi ele também que disse: "Quando tudo parece sem saída, sempre se pode cantar. Por isso, escrevo."

Motivada por tantas respostas inspiradoras, voltei ao computador e comecei a digitar a minha. "Eu escrevo porque..." Por quê? Não conseguia continuar. Eu poderia responder muitas coisas, mas permanecia em mim o enigma. Uma sensação de que qualquer resposta, mesmo a mais sincera, inclusive a dos grandes escritores, na verdade cobria outra (e a questão aqui não era de franqueza, mas de mistérios). E essa outra é que seria a raiz de tudo, o germe e a gema da escrita. "Eu escrevo movido por um impulso cuja natureza desconheço e não quero conhecer", disse Moacyr Scliar. E talvez estivesse nessa frase do escritor gaúcho o reconhecimento de um lugar intangível, inalcançável. Não por ser inatingível, mas por pertencer a outra ordem, que não essa das definições e palavras. "Escrever existe por si mesmo?", questionou a narradora de Clarice Lispector em *Sopro de vida*. Ela mesma respondendo: "Não. É apenas o reflexo de uma coisa que pergunta."

Lembrei então do conselho de Rainer Maria Rilke em *Cartas a um jovem poeta*: "Não busque por respostas que não lhe podem ser dadas, porque não as poderia viver. Viva por enquanto as perguntas." E não seria isso que faz todo escritor, ao debater-se consigo mesmo, diante da folha em branco? Arrasta-se de uma pergunta a outra, sem nunca respondê-las definitivamente? E não seria, cada tentativa de resposta, o nascimento e a experiência de uma nova pergunta?

Não consegui responder ao meu amigo, nem a mim mesma. Não porque não pudesse falar de meu amor à literatura, da alegria que ela me dá, na mesma medida que me angustia, da beleza e da violência das palavras que seduzem e perturbam, e ainda da importância que reconheço na escrita e na leitura na formação de uma pessoa, subjetiva e socialmente, e tantos outros motivos e justificativas, que permaneceriam exatamente desse modo, como motivos e justificativas, mas nunca seriam a raiz de tudo. Nunca tocariam com seus dedos o enigma. E também: nunca seriam tocados por ele. Nesse momento, compreendi que, ao pensar na pergunta de meu amigo, não a respondia, mas a vivia um pouco, como queria o poeta Rilke. Compreendia que o enigma não existe apenas do escritor para a escrita, mas também desta para quem escreve. "Se nos desvendamos completamente à palavra, ela nos embota", disse uma vez Hilda Hilst. "Há que se ter sempre essa fricção entre o que se disse e o que não se pôde dizer." Talvez, como se a literatura precisasse se aproximar do escritor também, numa espécie de eterno ritual de atração e repulsa, desnudar e esconder. Ao pensar nisso, não pude deixar de lembrar de uma passagem, numa biografia de Clarice Lispector. Após retornar de uma viagem ao Egito, uma amiga lhe perguntou, de brincadeira: "Você decifrou o enigma da pirâmide?" "Não", foi a resposta séria da escritora, que concluiu logo depois: "Mas nem ela me decifrou."

Labirinto de palavras

Eu estou em abstinência. Há trinta dias que não abro um livro, não ponho uma única palavra nos olhos. Isso não é nada para muita gente. Mas para mim, que abro livros buscando afagos e atritos na pele, na imaginação, nos doze sentidos, é muito. Para mim, que durmo melhor com a palavra escrita do que com a dita, que não vejo imagem ou situação que não rumine e sofra em palavras e silêncios, é um tempo impossível.

Tudo começou de um modo brusco, como sempre começam as surpresas. Assim é o inesperado. Fica à espreita como quem não quer nada e depois dá o bote, sem deixar brecha nem tempo para a gente se defender.

Eu estava num sarau literário. Todo mundo lia o texto de todo mundo entre chopes, risadas, petiscos, elogios ao vento, acanhamentos sinceros e cegas vaidades. Tudo ia bem, até que escutei na voz de alguém um texto que me chamou a atenção. Não porque fosse bom ou ruim, mas porque me despertava uma sensação estranha, uma dor aguda nos dedos, uma aflição de pegar canetas e riscar paredes. Aguentei nem sei como a leitura acabar. Cada palavra era um pequeno incêndio. Cada página virada uma ânsia desconhecida. Quando acabou, perguntei enfim de quem era aquele texto, e todos riram, como se a pergunta fosse absurda. O inesperado então baixou sem dó nem piedade: o texto era meu, disseram.

Meu?!

Mas...

...como eu não reconheci o meu próprio texto?

Entendam. Mesmo sabendo que eu não o via fazia tempo, que alguém o tinha na gaveta e resolveu, sei lá por que, ler sem me avisar, mesmo assim: se eu não reconheci o meu próprio texto, ele poderia ter sido escrito por qualquer pessoa.

E pior: ele nem me soou vagamente conhecido, ele apenas me despertou uma sensação estranha, como quem encontra um filho sem saber que é seu e tem um sentimento fundo, sem identificação. Uma espécie de reconhecimento anônimo. Vontade de ao mesmo tempo abraçar e de virar as costas.

Peguei com tremor o texto maldito, o filho bastardo, e revirei, farejei, virei do verso e do avesso. E vi: lá estavam as sombras de todos os escritores que me marcaram, numa miscigenação estranhíssima. Um ser amorfo que era tudo e nada, sem a marca de seu criador: eu.

E eu? Procurei em cada frase. E eu? Remexi entre as vírgulas. Eu? Vasculhei nas entrelinhas. Eu? Fuxiquei o enredo. O tema. O ponto de vista. O discurso. Os personagens. A linguagem. E eu?

Não. Eu não estava ali.

Já dizem por aí que ando roendo os dedos, cuspindo unhas, fechando bares, chutando latas, mordendo asfalto, incendiando resmas de papel, jogando teclados pela janela e assassinando PCs. Mentira. Tudo mentira. Apenas entrei de jejum de livros e ando arrastando os chinelos pela casa, olhando com espanto as estantes, ruminando um silêncio de leitura.

Sempre achei que ler me ajudaria a escrever. Li de tudo, engolindo estilos, mastigando imagens, saboreando frases, despudoradamente. E do que me serviu toda essa dedicação de entranhas? Para me perder num labirinto de linguagens e estilos? Para escrever um texto sem dono, sem voz própria, sem assinatura, sem *eu*?

Que exagero!, riu minha amiga-que-não-é-escritora, substituindo a minha caneca *king size* de café por uma xícara *single* de chá de camomila. Sério. Eu lia, crente-crente que me alimentava: absorvia sensibilidades, engolia estéticas, estabelecia referências. Não! Elas é que me absorveram, elas é que me engoliram, entende? As estéticas e as referências me abduziram! Minha amiga-que-não-é-escritora fez seu diagnóstico: "O seu caso é muito simples. Crise criativa." E, antes de sair: "Você só precisa digerir tudo isso." Minha amiga-que-não-é-escritora é nutricionista. De novo a sós com a estante, percebi que minha crise criativa era mesmo caso de má digestão. Estava com leituras do dedão do pé ao cocuruto da cabeça. Não havia um único espaço vazio para que algo realmente meu pudesse se criar. Enjoo. Muito enjoo.

Vomitei. É uma metáfora, por favor. Vomitei palavras, muitas. Num jorro incessante. Escrevi de tudo. Posso dizer que todos os escritores passaram pela minha mão. Me senti um médium que incorpora ao mesmo tempo em que finge incorporar. Finge e nunca foi tão verdadeiro. Repete o que já existe como se o criasse. Será que é isso? Será que é a consciência de estar fazendo algo que já foi feito que nos faz sentir como se não estivéssemos realmente fazendo aquilo, mas como se cantássemos a música de outra pessoa? Como se todo o nosso esforço criativo não passasse, no fundo, de uma imitação? E será que é justamente dessa consciência da imitação, essa angústia moída de não ouvir a própria voz, que surge, lá no íntimo, alguma coisa genuína? Um mínimo traço de autenticidade que irradia, no papel, um caminho? Algo que só quem está inteiro no que faz, e de verdade, pode fazer? E será também essa consciência que nos traz aos poucos a sensação de que essa coisa genuína, pessoal, só surge porque se conheceram outras, para então, conscientemente, se destacar delas, e, enfim, *ser*?

No labirinto de palavras, entre frases e parágrafos que não me pertenciam, escrevi de repente: *estou aqui*. Nunca senti que colocava no papel uma coisa tão minha. Como o caminhante que só reconhece o próprio caminho porque se perdeu em tantos outros.

Foi preciso voltar bravamente à estante e aos livros para encontrar num deles a confidência de um autor lido em todo o mundo, há dois séculos: a busca da própria voz é a angústia e a delícia de todo escritor.

O jejum estava terminado.

O transitório trono da crítica

"Não me interessa a crítica quando ela não se desenvolve na esfera daquilo que pretendi fazer", respondeu uma vez a escritora norte-americana Flannery O'Connor, quando lhe perguntaram sobre uma resenha feita de seu livro. Em carta à amiga Elizabeth Bishop, O'Connor lamenta quando os críticos buscam em seus livros aquilo que não está neles, em vez de construírem suas análises a partir do que eles são. "Escrevo sobre os ideais da fé religiosa e da convivência humana, corrompidos pelos preconceitos enraizados, naturalizados e pela decadência econômica." Vale lembrar que a escritora, assim como William Faulkner e Truman Capote, era do sul dos Estados Unidos. "Mas a crítica prefere dizer que faço apologia da religião católica em um país protestante a reconhecer que coloco a fé espiritual em combate na alma humana", disse à amiga poeta, "prefere dizer que sou racista a reconhecer que é justamente a intolerância, em todos os seus aspectos, que coloco em confronto e evidência em meus livros." Uma resenha havia especialmente irritado a escritora: "Como sou mulher e não escrevo histórias românticas, não tenho como temas a paixão nem o sexo, fui considerada 'esquisita'. O que, em outros escritores, seria interpretado como humor ácido ou ironia, em mim foi visto como frieza."

Não é preciso ir à América do Norte, para encontrar outros escritores que pensam ou pensaram de forma semelhante a Flannery O'Connor a respeito da atividade da crítica literária. "O crítico deve saber a matéria em que fala, procurar o espírito do livro, escarná-lo, aprofundá-lo, até encontrar-lhe a alma", escreveu em um artigo o nosso Machado de Assis, em pleno século XIX. O escritor brasileiro, hoje cânone nacional, ouviu duras palavras a respeito de seu trabalho. "Um artista de menor porte e sem autenticidade", sentenciou Silvio Romero, nos primeiros anos da escrita machadiana. E mesmo posteriormente, após o lançamento de *Dom Casmurro* e *Memórias póstumas de Brás Cubas*, "o estilo de Machado de Assis, sem ter grande originalidade, sem ser notado por um forte cunho pessoal, é correto e maneiroso, não é vivaz, nem rútilo, nem grandioso, nem eloquente. É plácido e igual, uniforme e compassado." O que hoje a recepção crítica considera profundamente inovador na obra de Machado, como a fragmentação e a não linearidade, o discurso psicológico integrado à narrativa dos acontecimentos e fatos, Romero considerava falhas imperdoáveis: "Vê-se que ele apalpa e tropeça, que sofre de uma perturbação qualquer no órgão da palavra [...] repisa, repete, torce, retorce tanto suas ideias e as palavras que as vestem, que nos deixa a impressão dum perpétuo tartamudear."

No decorrer de sua carreira, o próprio Machado de Assis exerceu a crítica, sem deixar de perceber que havia no ofício perigosas armadilhas. "A crítica, que para não ter o trabalho de meditar e aprofundar, se limita a uma proscrição em massa, é a crítica da destruição e do aniquilamento", ele escreveu em um artigo. O nosso grande escritor brasileiro, ao sair de sua posição de criador para a de leitor especializado, reconheceu que havia à sua frente um trono transitório, no qual, pelas horas em que levaria escrevendo a crítica, poderia sentir-se Deus de um pequeno mundo. Pequeno, como é o mundo literário, mas, visto do ilusório trono da crítica, aparentemente infinito e suscetível a tudo a que o seu olhar aludisse e o seu dedo apontasse. "Uma crítica que para a expressão de suas ideias só encontra fórmulas ásperas pode perder as esperanças de influir e dirigir." Machado tinha as esperanças de que, um dia, a crítica literária se ocuparia mais com a estética e a concepção criativa do que com vaidades ideológicas e interesses circunstanciais. "De outro modo, o crítico passará do limite da discussão literária para cair no terreno das questões pessoais; mudará o campo das ideias para o de julgamentos e recriminações." Machado de Assis não tinha dúvidas que quem perdia com isso não era ele, ou qualquer outro escritor, mas a própria literatura.

No entanto, as esperanças de Machado só encontraram eco no século seguinte, na figura sempre interessada e, talvez por isso, também sempre interessante, do crítico Antonio Candido. Em "Estouro e libertação", artigo escrito sobre Oswald de Andrade, Candido demonstra ponderação para tratar da obra do controverso escritor: "Ainda não é o momento de julgar uma atividade que se inicia cheia de expectativas e promissoras de renovação." Candido sabia que Oswald de Andrade era uma figura polêmica, e, por isso, amada e odiada com intensidade, independentemente de sua obra. "Tudo isso nos leva à necessidade de estabelecer a seu respeito alguns juízos cuidadosamente formados, e não oriundos das conversas de café ou da informação apressada", ponderou o crítico, que escreveu um artigo com critérios de análise bem definidos. "Nota-se, antes de mais nada, uma técnica original de narrativa e uma procura constante de estilo. Um esforço de fazer estilo." E é a partir da experimentação estética em *Memórias sentimentais de João Miramar e Serafim Ponte Grande* que Candido inicia sua reflexão teórica, buscando as referências na própria obra oswaldiana, e não fora dela.

Candido pensava a literatura brasileira como um embate expressivo entre a língua e o pensamento. Para ele, cada livro publicado era o resultado de uma visão e posicionamento a respeito desse embate. Cada escritor, um novo universo a ser desvendado, um novo enigma a ser decifrado, e não julgado. Provavelmente por isso, a sua reação ao ler o romance de estreia de Clarice Lispector, *Perto do coração selvagem*, foi bem diferente da de seu colega Álvaro Lins. Enquanto Lins apontava no romance da autora os aspectos que não correspondiam à estrutura tradicional da narrativa, julgando-os grandes equívocos, Candido buscou se aproximar das diferenças da escrita de Clarice, reconhecendo em seu estilo e voz narrativa grande singularidade. "Este romance é uma tentativa impressionante para levar a nossa língua a domínios pouco explorados", escreveu no artigo "Uma Tentativa de Renovação". E disse, anos depois: "Clarice Lispector forçou a crítica brasileira a rever as suas referências", com a consciência de que a literatura não é uma estrutura sólida sobre a qual cada escritor deve pôr a sua massa, mas sim um organismo em constante elaboração, feito, não de regras, mas de convenções, nas melhores vezes, criadas pelo próprio autor. O movimento de uma crítica digna não seria então de fora — dos arcabouços e critérios teóricos — para dentro, mas sempre de dentro para fora, da visão pessoal do artista para os ditames do nosso mundo.

De Ulisses a Ulisses — (Canto I)

"Nos tempos inglórios de hoje", me disse uma vez uma professora de literatura, "me refugio nos grandes clássicos." "Quais?", eu quis logo saber, pensando que ela citaria os grandes romances do século XIX, a sua leitura preferida, ou Shakespeare, Goethe, ou até *Lusíadas*, de Camões. Mas a professora se referia a clássicos de tempos mais remotos: *Odisseia*, *Ilíada*, as epopeias de Homero. "O que me encanta são os seus personagens, que não fogem à luta." Realmente, tanto Aquiles, em *Ilíada*, como Ulisses, em *Odisseia*, enveredam em viagens perigosas, enfrentam terríveis monstros, tempestades, inimigos deste e de outros mundos, em nome de belos ideais como Verdade, Justiça, Amor e Amizade. "São personagens construídos com a função de serem maiores do que eles mesmos", disse a professora. "Quer dizer que a individualidade de Ulisses, assim como de outros personagens épicos, ficava de fora?", perguntei, pensando na dedicação e lealdade inabalável de Ulisses diante dos obstáculos em seu regresso da Guerra de Troia. "Sim", foi a resposta, "eles existem para o cumprimento de uma nobre missão." De forma similar, lembra, são os heróis dos romances de cavalaria, surgidos na Idade Média. Cavaleiros dispostos a todos os sacrifícios em nome da honra, do amor e da justiça. Enquanto a professora falava, eu pensava na visão de mundo proposta pela narrativa épica. Uma visão totalizante, essencial, impossível de ser fracionada, fragmentada, relativizada. Algo só possível quando a subjetividade entra em cena. Afinal, não é ela, com seu olhar caleidoscópico, que relativiza tudo?

"A subjetividade, entendida desse modo na criação do personagem, só aparece séculos depois, mas ainda não na prosa, na dramaturgia", a professora de literatura pondera: "Como herói de ficção, *Hamlet* é o nosso primeiro herói moderno." *To be or not to be*, a célebre frase, rompe com a totalidade épica bruscamente. O herói de Shakespeare não tem mais a certeza inabalável dos heróis épicos em relação à sua missão. No caso de Hamlet, vingar o assassinato de seu pai. Apesar de almejar cumprir a vingança, Hamlet hesita. Em suas mãos, se rompe a lança firme e implacável que Ulisses de Homero carregava, cuja convicção de espírito e de caráter se estendeu aos cavaleiros medievais.

Ao pensar nos romances de cavalaria, a professora cita o livro publicado no século XVII que se tornou a sátira e a desconstrução de todos eles. "Encheu-se-lhe a fantasia de tudo aquilo que lia nos livros", está nas primeiras páginas de *D. Quixote*, considerado o precursor do romance moderno, "tanto de encantamentos como de pelejas, duelos, ferimentos, galanteios, amores, desgraças e disparates impossíveis." Para ela, o herói de Miguel de Cervantes traz definitivamente à tona o personagem como indivíduo, e não como representação de um ideal. "E assentou-lhe de tal modo na imaginação que era verdade toda aquela máquina daquelas sonhadas invenções que lia, que para ele não havia outra história mais certa no mundo." Embriagado pelas histórias de cavalaria, Dom Quixote sai pelo mundo, julgando-se e comportando-se como um autêntico cavaleiro. Para ele, os seus sonhos é que são a realidade, e esta, um mundo repleto de inimigos e demônios, sempre a contestar a *sua* verdade. "Está inaugurada então a ficção narrada a partir da vida interior de um personagem, que não possui mais diante de si uma visão totalizante do mundo", diz a professora de literatura, "mas uma visão ditada por sua subjetividade."

O escritor Milan Kundera disse em uma entrevista, certa vez, que "todos os romances se voltam para o enigma do eu". E foi Cervantes quem iniciou, também falou Kundera, a exploração desse ser desconhecido na figura de D. Quixote, trazendo a complexidade da existência para o foco da questão narrativa. "Compreender com Cervantes o mundo como ambiguidade é ter de enfrentar, em vez de uma verdade absoluta, verdades relativas que se contradizem. Ter portanto como única certeza a sabedoria da incerteza, e isso não exige menos força", considerou o escritor tcheco, naturalizado francês, em seu belo livro de ensaios *A arte do romance*.

"As certezas se rompem mais ainda", diz a professora, "quando Flaubert retira de cena o narrador — com a sua presença organizadora dos acontecimentos —, trazendo para o primeiro plano aquilo que é narrado." Realmente, em *Madame Bovary* o leitor não necessita mais de um intermediário para conhecer os personagens. É apresentado diretamente a eles. Mesmo com a narrativa na terceira pessoa, o leitor se aproxima dos sentimentos e pensamentos de Emma: "Talvez ela tivesse sonhado em fazer a alguém a confidência de todas essas coisas. Mas como relatar uma angústia indizível, que muda de aspecto como as nuvens, que roda em turbilhão como o vento?" Quando o leitor passa a conhecer a história contada a partir da subjetividade do personagem, e apenas desse filtro, o discurso se relativiza e se fragmenta inevitavelmente. "Se Charles tivesse percebido, se seu olhar, uma só vez que fosse, tivesse ido ao encontro de seus pensamentos, ela acreditava que uma abundância súbita se desprenderia de seu coração, como caem os frutos maduros das árvores, quando se lhes encosta a mão."

Lendo o belo trecho de *Madame Bovary*, é impossível não mergulhar em seus sentimentos. "É a ausência do ponto de vista do narrador que inevitavelmente provoca essa aproximação", esclareceu a professora. "Os eventos deixam de ser narrados e passam a ser refletidos na consciência da personagem." Consciência que a narrativa expõe, oferecendo ao leitor uma fatia de mundo desconhecida mas que, simultaneamente, reflete e toca em sua própria experiência. "O espírito do romance é o espírito da complexidade", a professora retorna com as palavras de Kundera. "Cada romance diz ao leitor: as coisas são mais complicadas do que você pensa." Sim, não existe mais o mundo a percorrer, mas infinitos universos.

De Ulisses a Ulisses — (Canto II)

"Com o narrador de Flaubert morre de vez a certeza épica", disse a professora de literatura, "mas curiosamente não morre nos personagens a busca incessante por ela", ponderou, me levando a cogitar se não seria essa busca pelas grandes certezas perdidas a angústia dos últimos séculos, e, principalmente, deste. Em meio a múltiplas possibilidades de mundo, as certezas se fracionaram em pontos de vista, os pontos de vista se tornaram mais absolutos do que os fatos, os fatos incapazes de representar *a verdade*, e ainda assim, ou por isso mesmo, como disse a professora, resiste até hoje no espírito dos personagens literários o desejo da totalidade perdida.

"Desejo que se direciona não só ao mundo exterior, mas também ao interior", ela completa. Penso em Dostoievski e nos seus personagens densos, de inédita consistência psicológica, regidos por um narrador que não os domina, pelo contrário, permite que suas complexidades venham à tona de forma descontrolada. "Vemos isso em *Crime e castigo*, como em outros romances", ela lembra, "o personagem do mago russo não sabe explicar totalmente o motivo de seu comportamento, é dominado pelo seu inconsciente, atormentado por si mesmo." Raskólnikov busca compreender o incompreensível, se debate com a impossibilidade. "O senhor compreende o que quer dizer isso de não ter para onde ir? Porque todo homem precisa ter um lugar para onde ir", clama Raskólnikov. Depois de Dostoievski, a consciência do personagem literário alcança a vertiginosa certeza das incertezas. Tão longe de Ulisses de Homero, Raskólnikov responde ao caos do mundo e da existência com o seu próprio caos. "Em relação ao narrador, vemos um embate entre a ordem necessária do discurso e a desordem da consciência psicológica dos personagens", disse a professora. "Quem ganha com essa queda de braço é o leitor. O resultado é um texto de alto teor expressivo, no qual o inconsciente do personagem muitas vezes explode a estrutura formal da linguagem."

Em relação a isso, é impossível não pensar em Proust, que virou do avesso a estrutura do romance, trazendo para primeiro plano o mundo interior dos personagens. Por meio da memória, o personagem "está diante de algo que ainda não existe e que só ele pode tornar real, e depois fazer entrar na sua luz", como diz o narrador de *No caminho de Swann*. "Este lugar é o passado", comenta a professora, "transformado por Proust, em seus romances, no espaço da descoberta de si mesmo, ou da reinvenção do eu por meio das lembranças." A técnica da descrição encontrada nos grandes romances realistas do século XIX se desfaz diante da perspectiva subjetiva do narrador. A realidade é descrita não como ela se apresenta diante dos olhos, mas como é lembrada. É aí que o personagem, como indivíduo, se refaz a cada memória, numa construção e desconstrução constante. "Isso ocorre também em relação às convenções tradicionais de enredo, espaço e tempo. Todos os elementos da narrativa passam a girar em torno das lembranças, nascem e morrem nelas. A noção de ação dramática e conflito se desintegra totalmente nas mãos de Proust. É o fluxo vital da memória que dá forma ao romance."

Sempre que escuto a minha professora de literatura falar, penso no caminho criativo de cada escritor, e como sua arte contribuiu para traçar novas perspectivas na escrita literária. Se a estrutura tradicional do romance se rarefaz em Proust, ao fazer da memória e de sua subjetividade o chão de sua literatura, outro escritor toca em pontos ainda mais inatingíveis da existência humana: o momento presente. Não seria *Ulisses* uma busca atordoada e atordoante pelo que há de mais concreto e palpável na existência, o instante?, indago à professora. "De fato, o narrador em Ulisses evidencia a insatisfatória busca do eu, ao tentar retê-lo, de instante em instante, transportando o caos do mundo para a mente do personagem durante vinte e quatro horas de sua vida", ela considera. "Sem mencionar a intertextualidade com o Ulisses de Homero. Na comparação inevitável que se traça, vemos que o que um tem de heroico o outro tem de ordinário, o que um tem de certezas o outro tem de dúvidas." O herói moderno de Joyce não possui uma nobre missão a ser cumprida. A sua meta se faz e refaz a cada instante. Enquanto a odisseia de Homero ocorre no mundo exterior, em um mundo de conceitos absolutos e verdades inabaláveis, a odisseia de Joyce se faz internamente, no estado caótico de um mundo partido de verdades individualizadas e variáveis. "Para essa visão fragmentada do mundo nos deparamos em Ulisses com uma linguagem também feita de mosaicos, fluxos de consciência, recortes de vida interrompidos, que não se acumulam num enredo de causa e efeito, mas existem e possuem valor por si próprios." Se o fluxo da consciência derruba as fronteiras entre a voz do narrador e a das personagens, permite que os sentimentos, desejos, falas e ações se misturem no texto num jorro descontínuo e desarticulado, onde a figura organizadora do narrador desaparece, se instalando no mesmo mundo incerto em que vivem os personagens. "De Ulisses a Ulisses", fala a minha professora, "morrem as certezas éticas, estéticas e linguísticas, mas permanece o desejo de dar sentido àquilo que se faz, que é o que o romance pós-Joyce continua procurando, nada mais do que a certeza de si mesmo."

A *vida depois do livro*

Em um dia de verão, um escritor foi encontrado morto em sua casa, de casaco e luvas, boina e botas, como se, em vez de se vestir para o dia seguinte, ele houvesse inconscientemente se vestido para o dia de sua morte. E, por isso, sabia de alguma forma, que apesar do sol aqui deste lado, o que o esperava do outro era arrepiante, úmido e frio.

Na noite anterior, o escritor retornara pela primeira vez, desde que tinha dado o ponto final ao livro que acabara de escrever, sem saber que aquela vez, além de primeira, era também a última. Se soubesse, talvez entendesse a sua necessidade urgente de lê-lo, a ponto de se levantar da cama, acender luz e computador, imprimir páginas, esperando impacientemente a tinta preencher o papel. Tampouco percebeu depois, com o livro na mão, que os seus dedos o tocavam com a saudade de uma vida inteira, como se se despedissem. Conscientes talvez de que era a última vez que tocavam naquelas frases e palavras, tão suas — íntimas, como é íntimo o corpo de quem se ama.

Nos últimos meses, ele havia se afastado do livro, na intenção de criar distâncias, para enfim voltar como quem retorna para casa após longa ausência. Mas o que sentia era maior do que rever as paredes onde se mora, a mesa onde se escreve e a cama onde se sonha. Havia se afastado tanto do texto, que o olhava aflito, como quem procura no rosto de um antigo amante o rastro do que um dia lhe pertenceu, os traços que reconhecia pelo tato, o percurso que se fazia de olhos fechados. Só então se deu conta que havia imprimido duzentas páginas, não para revisá-las, mas, apenas e exclusivamente, para abraçá-las. Depois de tanta ausência, tinha a necessidade de confirmar que existiam realmente e não eram apenas uma imagem na tela de seu computador.

O escritor então começou a revirar as páginas, pensando nos anos que havia levado para escrever aquele livro. Dias infinitos sentado diante do computador, o peso do mundo sobre os ombros, o caos que rege toda a vida ao redor, espirais de delícias e angústias, enquanto nos intervalos vivia a mesma vida de todos. Essa, próxima ao sonho e ao pesadelo, que nos acontece entre o acordar e o dormir. A cada página revirada, procurava a sua própria história atrás da que estava visível no papel. Esta frase foi escrita em qual circunstância?, se perguntava. Quando escrevi este capítulo, o que estava acontecendo em minha vida? E a pergunta já se tornava uma angústia: Quando saía da frente do livro, para onde eu ia, afinal?

Mas não encontrou, no papel, nada além do que estava escrito. Nada mais do que uma história que não era a sua. Nesse momento, notou que um vento entrava pela janela, e sentiu frio. Vestiu um casaco, pousando o livro impresso na mesa, com o espanto inevitável de que tudo aquilo não lhe pertencia mais. As mãos tremeram, e ele pôs uma luva, guardando a certeza, como se guarda um segredo, de que, na verdade, por mais que não parecessem, todas aquelas páginas não saíram de outro lugar a não ser dele mesmo. E não sabia disso por uma constatação racional, mas por um vazio incrível no corpo — como deve sentir o ventre da mãe ao expelir o filho —, por uma neblina qualquer na alma — como se turva o espírito de quem busca a luz, consciente que se torna da escuridão —, por um soco qualquer no estômago — como se o desprendimento agredisse o centro de tudo —, uma alegria qualquer por outras vidas — aquelas que existem, as escritas —, uma saudade qualquer de papel e caneta, um deserto absurdo de sentidos e palavras, uma urgência única de pertencer de novo.

Escrever, para aquele homem, tinha sido um aprendizado constante. De como sobreviver aos dias inférteis, descobrir caminhos narrativos desconhecidos, sentir os personagens crescendo e aparecendo mais do que o planejado, ver a história tomando forma própria, estabelecendo atmosferas e texturas que lhe exigiram um envolvimento íntimo, uma carga pessoal em uma história passada em outra época, com situações, motivações e sentimentos que a princípio nada tinham a ver com ele. Mas — e nesse momento outro frio invadiu a sala —, como a convivência nos revela — e foi necessário aplacar a friagem da cabeça com uma boina —, somos, até com a gente mesmo, tão íntimos e estranhos. Após o ponto final, depois de anos de convívio com os personagens, com aquele universo particular, erguido à força dos próprios dedos, ele descobriu ofegante que escrever também podia ser, ou só era, essa amálgama de ficção e experiência, confluências e imaginação, confissão disfarçada e entendimentos enfim realizados. Independentemente da história que se conta, da aparente relação (ou não) com o mundo real, a ficção é mais rica do que imaginam as referências pessoais, é mais exigente do que se pensa, não se contenta com afinidades, identificações ou desejos criativos formais e racionalizados, ela se alimenta do que nem podemos desconfiar. Ela arruma a sua forma própria de acontecer. Nesse momento, o homem sentiu a umidade sob os pés, que o fez procurar meias e calçar botas, enquanto pensava, é a ficção que penetra em nossa sensibilidade, em nossa memória, em nossos afetos, e não ao contrário. Não a invadimos, é ela que nos invade. E repleto de casaco e luvas, boina e botas, concluiu, que bom que compreendi isso a tempo, e não tarde demais.

Na manhã seguinte, o encontraram deitado e imóvel em sua casa. A primeira providência foi tirar o casaco e as luvas, a boina e as botas, na incompreensão daquelas roupas de inverno em pleno verão. Compreenderam menos ainda quando o tocaram e sentiram a pele quente, a ponto de alguém encostar o ouvido no peito para confirmar a inexistência da respiração e de um coração batendo. Ainda assim, depois da confirmação, cogitaram a possibilidade de catalepsia, a doença que traz a aparência transitória da morte para a pessoa viva. A dúvida era tão grande que adiaram velório e enterro, na expectativa de a morte ser apenas uma aparência naquele homem que conservava no corpo a lembrança morna da vida. Dias depois, precisaram voltar para os próprios afazeres, e providenciaram abalados caixão e cemitério. O livro impresso foi também encontrado na casa, levado por alguém a uma gráfica e publicado em poucos exemplares, o suficiente para a família, amigos e leitores desavisados. Depositaram, cabisbaixos, o homem sob a terra, com o sentimento implacável de que cometiam uma injúria imperdoável. Nem mesmo depois que o enterraram e o esqueceram conseguiram se convencer de que o escritor estava realmente morto.

Nossas heranças, nossos desterros

"É tarde demais para desfolhar um livro e pendurar as suas páginas numa árvore de arame", me disse um amigo intelectual, "tornar o texto uma explosão de imagens livres e fragmentadas, desconectadas de um passado e de um futuro, como fizeram os surrealistas." A bela imagem logo povoou a minha mente. Folhas e palavras fincadas em finas estruturas, ao sabor do sol, ventos e tempestades. "Também é tarde demais para prender personagens e enredos em descrições e explicações excessivamente racionalizadas e estabelecidas", ele continuou, "como fazia a tradição realista." O meu amigo intelectual é assim, adora lançar ideias e questões no ar, para que eu, a sua amiga escritora, as pegue antes que a gravidade as derrube estateladas no chão. "Por que tarde demais?", fiz a pergunta que ele esperava, "o que pode ser tarde ou cedo demais na escrita, na literatura?", provoquei. O meu amigo intelectual fez uma pausa profunda antes de responder. "Porque hoje não há mais lugar para *manifestos*", ele disse, "já que nada mais há para destruir", e, após outra pausa, completou, "apenas para *performances*, porque ainda há muito que fazer."

E explicou que, ao dizer *performance*, não queria dizer encenação, mas experiência. Como diz o dicionário: realização, feito, acontecimento. Ao ouvir o meu amigo intelectual, lembrei de um livro do escritor argentino Julio Cortázar, chamado a *Teoria do túnel*. Neste ensaio de 1947, Cortázar considera dois tipos de escritores: O *tradicional*, que segue um perfil de literato para quem a questão estética é voltada para os parâmetros realistas e a realização estrutural da obra; e o escritor *rebelde*, representado pelos surrealistas, que visavam à formulação estética através da sensibilidade pessoal do artista. Para Cortázar, a diferença entre o escritor tradicional e o rebelde era total: para o último, o artista não lida mais com a obra de arte como se essa tivesse que espelhar a realidade, seguindo convenções literárias específicas. A obra torna-se massa a ser moldada pelo espírito criador do artista, pela sua maneira particular de ver o mundo.

"O escritor rebelde de Cortázar tinha o que destruir", pensou meu amigo intelectual, "uma literatura engessada, pé no chão, fabricada mais pelo discurso do que pela linguagem, mais pela informação do que pelo jogo literário." Do mesmo modo que o escritor rebelde buscava a sua visão pessoal da literatura, o escritor tradicional se apoderava das noções já estruturadas de gênero, narrativa, enredo, espaço/tempo, foco narrativo, personagens, sem considerar a possibilidade de questioná-los, negá-los ou recriá-los.

Como eu, o meu amigo intelectual tem grande admiração por Cortázar. Para nós dois, é apaixonante, na leitura de *Teoria do túnel*, acompanhar as suas reflexões e angústias. O escritor argentino sempre foi generoso em expor as suas dúvidas, seus medos, anseios e questionamentos criativos. Nunca esteve preocupado em acertar ou errar, mas sim em estar de acordo com a sua visão literária. "Vamos colocar ao lado dos dois escritores de Cortázar um outro tipo", sugeri, "o escritor contemporâneo." "Ótimo", vi os olhos do meu amigo intelectual brilharem atrás dos óculos, "esse escritor que nada mais tem a *manifestar*, mas muito a fazer." Para o meu amigo intelectual, o desafio do escritor contemporâneo é outro, já que ele possui em sua memória histórica tanto a afirmação quanto a negação da tradição. Na estante de sua casa, romances do século XIX dividem espaço com livros da vanguarda europeia, modernismo brasileiro e outros modernos. "O escritor do início do século XXI, diante de tantas informações e referências, corre o risco de se perder em um labirinto de possibilidades expressivas", proferiu o meu amigo intelectual, "limitando-se a reproduzi-las, sejam tradicionais ou vanguardistas, acrescentando pouco da sua originalidade pessoal." "Então, de certa forma, voltamos ao escritor rebelde", eu disse, "porque permanece o desafio em trabalhar o texto a partir de uma visão própria de mundo." O meu amigo intelectual pensou um pouco antes de concordar. "É verdade. Mas sem a intenção de desconstruir parâmetros, como os vanguardistas." "A intenção agora é outra", acrescentei, "é encontrar a própria voz criativa dentro de um turbilhão de vozes. Muito já foi feito, desfeito, dito e redito, a única possibilidade realmente criativa é então aquela que surge de anseios e visões muito pessoais."

"Exatamente!", meu amigo intelectual começou a gesticular, exaltado, não sei se com o que eu havia dito ou com o que ele estava prestes a dizer. "É nesse sentido que digo que ainda há muito a ser feito. O que é esperançoso, e, de certa forma, renovador. O desejo maior do escritor rebelde nunca foi destruir a narrativa realista apenas por destruí-la, mas porque ela paralisou dentro de sua convenção o espírito criativo e pessoal do artista. Esse legado permanece, basta escutá-lo.

A sua mensagem fundamental é a liberação do imaginário, a expressão de uma sensibilidade particular, e não a destruição. Hoje já não é necessário distorcer um texto, virá-lo de cabeça para baixo, abandonar completamente personagens e enredos, negar para sempre as referências da tradição." Ouvindo meu amigo intelectual, pensei nos escritores tradicionais citados por Cortázar: Flaubert, Zola, Tolstoi, Dostoievski, Proust, entre outros. Todos grandes construtores de personagens e enredos, também reconhecidos e louvados pelo escritor argentino. "O reconhecimento da tradição é inevitável", considerei, "há também um grande legado aí." "Sim", meu amigo intelectual concordou, "e por que não olhar para os dois, conhecer os dois, escutá-los?" E continuou, empolgado: "A rebeldia veio para resgatar na literatura a experiência sensível, íntima, pessoal, de quem escreve com o que escreve. Há ou houve talvez um grande engano, no escritor contemporâneo, em querer se aproximar do escritor rebelde destruindo simples e completamente as estruturas tradicionais. É como destruir uma casa sem libertar a alma aprisionada em suas paredes."

Olhei-o, atônita. O meu amigo intelectual havia esquecido algo muito importante. Ele não estava conversando com seus outros amigos intelectuais, mas com a sua amiga escritora. Não se dizem essas coisas, assim, para a gente. Em seguida, olhei lentamente para os meus dedos. Era inevitável: eu tinha ruínas e almas aprisionadas nas mãos. O meu amigo intelectual percebeu enfim a minha angústia, mas, mesmo percebendo, não se deixou abater. Foi impassível: "É como eu disse: há muito a ser feito."

A escuta de Flaubert

Guy de Maupassant, o célebre contista, que viveu todas as angústias e prazeres do século XIX, costumava dizer ao amigo e mestre, também escritor e não menos célebre, Gustave Flaubert: "a literatura não vale uma vida, mas uma vida vale a literatura." Flaubert, que dedicou obsessivamente a maior parte dos seus dias à escrita, exigia de seu discípulo entrega completa, disciplina e exatidão. Qualidades que Maupassant perseguia ao mesmo tempo em que também se deixava abstrair nos salões e nas aventuras amorosas. A exigência de Flaubert era tanta que o proibia de publicar qualquer texto que não estivesse perto da perfeição. Ou da exatidão, o jovem escritor assim compreendia. Na arte não se busca aquilo que é perfeito, já havia entendido, mas aquilo que é exato. Aquilo que só daquele modo se pode expressar. "Só existe um modo de exprimir uma coisa, uma só palavra para dizê-la, um só adjetivo para qualificá-la e um só verbo para animá-la", o mestre Flaubert ensinara. Com a lição aprendida, Maupassant buscou até o fim a simplicidade objetiva em seus contos. A palavra exata, o essencial em cada ação, o principal de cada fato. Não era, entretanto, um escritor de superficialidades, restringindo-se apenas à descrição de acontecimentos, como a má vontade e a obtusidade de alguns críticos gostavam de afirmar. "A meta do escritor não é contar uma história", Maupassant disse uma vez, "nem comover ou divertir, mas nos levar a entender o sentido oculto e profundo dos fatos." Para ele, o escritor enxerga o universo, os objetos, os fatos e os seres humanos de uma maneira pessoal que é o resultado de suas observações e reflexões. E comunica essa visão pessoal do mundo reproduzida em ficção. "Cada conto é uma criação específica, jamais genérica. É como se cada palavra do conto que escrevemos nunca tivesse sido usada antes. Faz parte de sua ilusão e de sua beleza."

Com sua prosa rápida e afiada, Maupassant criou memoráveis descrições da aristocracia, da burguesia e do proletariado parisiense, assim como dos camponeses da Normandia, a sua terra natal, e da experiência de soldados nas frentes de batalha, procurando sempre seguir à risca um dos principais conselhos do mestre Flaubert, em relação à visão pessoal do escritor. "Devemos examinar com a demora suficiente e bastante atenção o que quisermos descrever, a fim de descobrir algum aspecto que ninguém tenha ainda visto ou de que ninguém tenha ainda falado." Esse aspecto, para Flaubert, era a alma da história, o que diferencia e alimenta a personalidade do escritor. "Em todas as coisas existe algo de inexplorado. Estamos habituados a utilizar-nos de nossos olhos apenas com a recordação daquilo que já foi antes pensado a respeito do objeto de nossas contemplações. Todas as coisas, por insignificantes que sejam, contêm um pouco de desconhecido. É isto o que devemos procurar. Para descobrir um fogo em chamas e uma árvore em uma planície, permaneçamos ante este fogo e esta árvore até que já não se pareçam, para nós, com nenhuma outra árvore e com nenhum outro fogo."

Flaubert utilizava esse ensinamento como um método, procurando sempre descrever de forma concisa os personagens, os objetos e as situações de um modo que os singularizava por completo, diferenciando-os de todos os outros personagens, objetos e situações. "Quando você passar junto de um merceeiro sentado à frente de seu armazém, ou de algum porteiro fumando seu cachimbo, ou de um cavalo de cabriolé num ponto de estacionamento, mostre-me aquele merceeiro e aquele porteiro na posição em que estavam, com seu aspecto físico, salientando também, por meio da fidelidade de seu retrato, toda a natureza moral deles, de modo que eu nunca os possa confundir com outros merceeiros ou porteiros. E faça-me ver com uma simples palavra, com uma frase, que o cavalo do cabriolé não se parece com os outros cinquenta que se seguiam e que o antecediam."

A singularidade expressa por meio da concisão e da simplicidade se tornou a busca literária de Maupassant. Em mais de trezentos contos, exercitou o manejo das palavras sob o olhar e os conselhos do mestre Flaubert, a quem admirava profundamente, pela total dedicação à literatura. "Flaubert me ensinou, através de seus conselhos e também de seus livros, que mais vale ao autor a singularidade do que o estilo." A explicação é, ainda hoje, inquietante, já que a maioria dos escritores transpira e aspira toda a vida para encontrar o *seu* *estilo*. "Flaubert não tem um estilo definido, mas vários, que seguem o fluxo das palavras e das frases moldadas pelos seus personagens." Maupassant compreendeu: o escritor não deve se impor ao texto, como se fosse um patrão a ordenar seus empregados. A linguagem deveria então surgir do universo descrito, de sua respiração, suas nuances e experiências, e não do autor e de suas ambições literárias e pessoais. "É um trabalho de abnegação", disse Maupassant, "de sensibilidade, e, principalmente, de escuta." Maupassant considerava a relação de Flaubert com a escrita a lição mais importante de todas para um escritor. Antes de tomar decisões sobre isso e aquilo em seu livro, colocar-se numa posição receptiva. E escutar o tema, os personagens — seus pensamentos e desejos, e todo o universo a ser criado —, como se fossem música.

As irmãs de Shakespeare

"E tudo o que vivemos e que viveremos
está cheio de árvores trocando as folhas."
Virginia Woolf

Numa manhã cinzenta, lá no início do século XX, em um bairro londrino, a jovem Virginia se despediu com um misto de inveja e saudade — se é que esses dois sentimentos algum dia andaram juntos — dos irmãos que deixavam o lar e a cidade para completarem os estudos na Universidade, enquanto a ela e à irmã Vanessa restavam no sofá as almofadas para serem bordadas e na cozinha as batatas para serem descascadas. Desde menina, Virginia adorava os livros, e se sentia especialmente comovida com a imagem do velho pai, diante da lareira, com um exemplar nas mãos, fazendo a leitura diária em voz alta. Não levou muito tempo para a menina perceber que aquilo que adorava fazia parte de um universo distante e alheio — distância que a sua natureza não compreendia e com a qual não se conformava —, mas era um universo feito com leis severas e milenares para o qual não estava convidada nem com permissão para entrar, por mais que desejasse. E Virginia desejava, tanto que, a contragosto do pai, teve aulas de grego clássico, o primeiro passo para os anos de uma sólida formação autodidata, conquistada plenamente.

Décadas depois, em 1928, aos 46 anos de idade e com sete livros publicados, Virginia Woolf escreveu o ensaio intitulado *Um teto todo seu*, no qual imagina a existência de uma hipotética irmã de Shakespeare, chamada Judith, que, como o irmão bardo, possuía grande capacidade intelectual e talento artístico. O que seria de Judith, de sua vida, de seu dom e seus anseios?, Virginia pergunta. Enquanto o irmão é mandado à escola, ganha mundo, torna-se um ator bem-sucedido e um dramaturgo popular e notável, Judith permanece em casa. "Ela era tão aventureira, tão imaginativa, tão curiosa pra ver o mundo quanto ele era. Mas ela não foi mandada à escola. Ela não teve a chance de aprender gramática e lógica, ainda mais de ler Horácio e Virgílio. Ela pegava um livro de vez em quando, um dos de seu irmão talvez, e lia algumas páginas. Mas aí vinham seus pais e a mandavam ir remendar as meias ou cuidar do guisado, e não ficar sonhando acordada com livros e papéis. [...] Talvez ela rabiscasse algumas páginas num sótão às escondidas, mas era cuidadosa ao escondê-las ou queimá-las." O talento de Judith não encontraria expressão nem escape além das poucas linhas engolidas pelo fogo e das poucas frases escritas na penumbra e em segredo. Até mesmo Jane Austen, três séculos depois, escondia os seus manuscritos ou cobria-os com um mata-borrão, quando percebia que alguém se aproximava. A célebre escritora inglesa não tinha um quarto ou outro lugar próprio para escrever, por isso escrevia na mesa da sala de estar e era interrompida a todo instante. Virginia Woolf interpretou como constrangimento o ato de Austen, por ocupar-se com a escrita, e não com qualquer atividade doméstica. "Embora ninguém devesse sentir vergonha por ser apanhado no ato de escrever um livro como *Orgulho e preconceito*."

O sentimento de inadequação não se relacionava às dificuldades naturais de toda a vida, masculina ou feminina, ponderou Virginia Woolf. "A indiferença do mundo, que Keats e Flaubert e outros homens de gênio tiveram tanta dificuldade de suportar, não era, no caso da mulher, indiferença, mas, sim, hostilidade. O mundo não lhe dizia, como a eles: 'Escreva, se quiser; não faz nenhuma diferença para mim.' O mundo dizia numa gargalhada: 'Escrever? E que há de bom no fato de você escrever?'"

Ainda assim, entre papéis escondidos, manuscritos queimados, diários e cartas, culpas, medos e anseios, escrevia-se. Mas, como a menina Virginia a olhar o pai com os livros, havia a consciência de se fazer algo proibido, não permitido, ou, mais perigosamente, algo que não lhe pertencia, que não fazia parte de seu mundo, ou, como lhe dizia esse hostil mundo, algo que lhe era negado porque não lhe era de direito.

No outro lado do oceano, em terras tropicais, uma jovem, como tantas outras, outras irmãs de Shakespeare, aguardava a hora de a casa ficar vazia para trancar-se em seu quarto com pena e papel. "Pois eu em moça fazia versos. Ah! Não imagina com que encanto", disse Júlia Lopes de Almeida em uma entrevista, anos depois, em 1903, ao jornalista João do Rio. "Era como um prazer proibido! Sentia ao mesmo tempo a delícia de os compor e o medo de que acabassem por descobri-los. Fechava-me no quarto, bem fechada, abria a secretária, estendia pela alvura do papel uma porção de rimas..." Na ocasião da entrevista, Júlia já era uma escritora com notável repercussão entre leitores e o meio literário carioca, o que, entretanto, não foi suficiente para que ela recebesse o merecido reconhecimento. Entre as várias atividades que desempenhou no Rio de Janeiro, Julia participou da comissão para a formação da Academia Brasileira de Letras, mas, na hora da eleição da cadeira, o seu nome foi excluído. Filinto de Almeida, o seu marido, é quem foi eleito membro, dizem as boas e más línguas, em sua "homenagem". Filinto, apesar de ter aceitado a honra, reconheceu a João do Rio: "Não era eu quem deveria estar na Academia, era ela." A réplica do jornalista foi taxativa: "Há muita gente que considera D. Júlia o primeiro romancista brasileiro." Essa "muita gente", no entanto, não se manifestou, nem na ocasião da Academia Brasileira de Letras, nem depois, quando o nome da escritora foi sendo posto de lado pelos críticos, escritores e antologistas, os contemporâneos e futuros, o que resultou, até recentemente, em esquecimento e silêncio em torno de seu nome.

É conhecida a passagem contada por Lygia Fagundes Telles sobre um dos seus primeiros lançamentos, no início de sua carreira. A jovem escritora foi cumprimentada por dois escritores renomados na época, que, em vez de saudar o seu livro, saudaram as suas pernas. "Muito bonitas", disseram, e em seguida, como se estivessem diante de um grande mistério, "mas por que essa coisa de escrever? Você é uma moça tão bonita, deve se casar, e não escrever, um desperdício." Lygia conta que caiu em prantos, ali mesmo no lançamento e na frente dos escritores. "Era muito difícil na época", ela fala, "aceitava-se que uma mulher até escrevesse poesia, abordasse temas pueris e sentimentais, mas uma mulher escrevendo prosa incomodava muito. A mulher não podia ser a prosadora que tentasse trazer uma realidade que só os homens traziam. Eles debochavam, queriam minimizar, desprezar a gente. Insistiam que a nossa vocação era o casamento, e, olha, já estávamos no século XX. [...] A esses dois senhores, eu respondi: vocação é aquilo para o qual se é chamado. E eu fui chamada pela literatura."

Lygia lembra que Clarice Lispector foi uma das poucas de sua geração que enfrentaram a resistência em relação às escritoras de ficção. "O preconceito se expressava assim: homem escreve bem, mulher vamos ver", dizia Clarice. Como Virginia Woolf em *Um teto todo seu*, Lygia Fagundes Telles lembra de suas antecessoras. "Os primeiros pensamentos desta mulher que foi tão reprimida, tão amarrada, foram aqueles escritos nos cadernos de anotações do lar, nos séculos passados. Entre dois quilos de batata, cinco quilos de cebola, elas colocavam seus primeiros pensamentos poéticos, em geral suas dúvidas, seus anseios, seus sonhos. Foram elas as primeiras escritoras. Depois viemos nós." É como disse também Virginia: "Se tivermos o hábito da liberdade e a coragem de escrever exatamente o que pensamos; se fugirmos um pouco da sala de estar e virmos os seres humanos [...] e também o céu e as árvores, ou o que quer que seja, pois nenhum ser humano deve tapar o horizonte; então a oportunidade surgirá, e a poetisa morta que foi a irmã de Shakespeare assumirá o corpo que com tanta frequência deitou por terra. Extraindo sua vida das vidas das desconhecidas que foram suas precursoras, como antes fez seu irmão, ela nascerá."

PARTE II

Sobre Leitura, estantes e livros, bibliotecas
perdidas no tempo, resgatadas nas guerras,
abandonadas nas cidades, a literatura e o
seu ensino, a ficção e a infância, as primeiras
vertigens, os primeiros encantos.

Entre ruínas e livros

Entre escombros, vigas partidas, telhas quebradas, papéis e brochuras espalhados, três homens estão diante das estantes sobreviventes do grande bombardeio do dia anterior. Com seus sobretudos e chapéus, procuram alguns livros, folheiam outros, transitam concentrados nas lombadas escurecidas pelas nuvens de fumaça, quase esquecidos das pernas, que são obrigadas a se erguerem e abaixarem a todo momento, desviando de obstáculos inacreditáveis; dos pés, que buscam desolados a cada passo a conhecida superfície lisa dos tacos de madeira — agora totalmente destruída —, a silenciosa suavidade da sola dos sapatos no chão — agora, um descompasso de ruídos —, a tranquila trajetória entre uma estante e outra — agora, montanhas de ruínas.

"Muitas bibliotecas foram destruídas nas guerras", disse o meu amigo fotógrafo, que havia me mostrado exatamente aquela imagem. A biblioteca era em Londres. A foto, de 1940. "Já os três homens são atemporais", ele disse, com uma certeza que me espantou. "Sim, em cada canto do mundo você encontrará alguém que fará o mesmo, independentemente das circunstâncias: voltará para os livros."

Na intenção de provar a sua teoria, ele me mostrou outra imagem: Atrás de uma grande janela gradeada, pilhas e pilhas de livros abandonados. "Nessa cidade, a biblioteca pública foi desativada, e o acervo trancafiado em uma das celas da cadeia." Olhei novamente a imagem, sem acreditar. Numa cidade do interior sem biblioteca, e numa cadeia sem bandidos, restou então aos livros serem presos. Depois que tirou a foto, meu amigo contou que conheceu um bibliotecário que passava férias na casa da sua família, que ficava bem próxima. Como não se pode ter uma profissão sem ser contaminado por ela, o bibliotecário tentou de todas as formas libertar os livros, e o fotógrafo registrou de todos os modos com a sua câmera as tentativas. "Alguém trancou a cadeia", o bibliotecário disse mais tarde, completamente desolado, após ter falado com todas as autoridades encontradas, "e ninguém sabe onde está a chave."

Era notável, mas parecia que o impossível era a realidade mais simples naquela pequena cidade. Com a biblioteca desativada por algum motivo, talvez a falta de funcionários — que nos levava a crer que era impossível a existência de concursos —, a cadeia, vazia — porque deve ser impossível de algum modo também delegados e bandidos —, se tornou depósito de livros; e, um belo dia, alguém a fechou e sumiu com a chave — o que nos leva a crer que é impossível para aquela cidade também chaveiros.

O meu amigo fotógrafo contou que o bibliotecário não conseguiu de jeito nenhum libertar os livros, mas decidiu revoltado fazer, ele mesmo, uma biblioteca. A sede começou na garagem da casa da sua família e hoje toma toda a casa (sim, a família se mudou). Nessa biblioteca, não é preciso se registrar para pegar um livro. "É importante que ele volte (e sempre volta), mas o mais importante é que circule", disse o bibliotecário.

Fazendo uma viagem no tempo, meu amigo disse que o mesmo pensamento rondava certo bibliotecário na Idade Média. Antonio Panizzi vivia inconformado com o fato de que poucas pessoas tinham acesso à maioria dos livros guardados nas bibliotecas públicas. Na época, não havia registros dos livros, e, por isso, apenas os eruditos os conheciam. Apesar das críticas e da incredulidade, Panizzi assumiu sozinho a árdua tarefa de catalogar volume por volume, levando sete longos anos para concluir somente os registros da letra A. No entanto, assim que a lista dos livros ficou disponível, as consultas aumentaram espantosamente, e o que era visto como loucura se tornou o primeiro modelo de catalogação de títulos publicados. Como o bibliotecário da nossa cidade sem bandidos nem chaveiros, Panizzi queria apenas que os livros circulassem.

Independentemente das circunstâncias, sempre há alguém que volta para os livros, era a teoria do meu amigo, desdobrada em tantas situações. Em 2003, após dois ataques de bombas e mísseis, a Biblioteca Nacional do Iraque foi completamente saqueada, o seu acervo, destruído. Um jovem estudante de História, inconformado, retornava todos os dias aos destroços da biblioteca a que costumava ir com frequência. Buscava entre as ruínas vestígios de páginas, encadernações, na profunda esperança de recuperar algum exemplar. "Por que destroem livros?", lamentou, sem que ninguém o ouvisse. "São a nossa memória." No século XV, uma guerra civil no Japão destruiu todas as bibliotecas de Kyoto. Na Guerra de Secessão dos Estados Unidos, muitos livros foram queimados. Quando invadiu o Canadá, em 1813, o exército americano queimou a Biblioteca Legislativa. Como vingança, os ingleses queimaram a Biblioteca do Congresso Americano. Em 1980, na ditadura argentina, um milhão e meio de volumes foram queimados em um terreno baldio. Durante a Guerra Civil Espanhola, a Biblioteca Nacional, em Madri, foi implacavelmente bombardeada. Em uma junção de esforços heroicos, centenas de livros e manuscritos foram resgatados pelos bibliotecários.

No Maranhão deste Brasil, um dia, um jegue foi retirado da lavoura, enfeitado com fitas e papéis coloridos, amarrado com cestas de um lado e de outro, recebendo uma missão muito especial: de carregar livros até as cidadezinhas mais afastadas, de levar a leitura ao interior do interior, onde nem mesmo há bibliotecas para serem desativadas e livros para serem trancafiados na cadeia. Na Amazônia, três mulheres atravessam o rio numa embarcação chamada *Vagalume*, distribuindo livros por onde passam. "A Amazônia humana precisa ser cuidada", disse uma das fundadoras do projeto, "assim como a fauna e a flora." A repercussão foi tanta que as pessoas vão para a beira do rio, à espera dos livros, com as mãos estendidas.

"Para cada livro destruído, abandonado, esquecido, há um, em algum lugar, redescoberto, lembrado, distribuído", sentenciou o meu amigo fotógrafo, "independentemente das circunstâncias", afirmou, e eu acreditei. Quis acreditar. A imagem da biblioteca londrina em minha mente. O teto havia caído, as paredes, desabado, o chão havia se tornado montanhas de entulhos, mas as estantes continuavam erguidas, e os livros de pé na prateleira. Talvez por isso aqueles três homens, ao verem as estantes e os livros, raros sobreviventes, como eles, do caos humano, acreditaram que, mesmo entre ruínas e com o mundo explodindo ao redor, estavam numa biblioteca.

Leitura às escuras

Outro dia, vagando entre as estantes de uma livraria, me deparei com vários livros do escritor Dostoievski em nova tradução. Boa desculpa para ler e reler o mestre dos subterrâneos e do humor triste. Perguntei ao livreiro se *O adolescente* havia sido traduzido também. Ele achava que não, mas prometeu se informar e me dizer depois. Voltei para casa me lembrando do meu primeiro encontro com o mago russo. Foi assim: eu tinha 16 ou 17 anos e era sócia da biblioteca municipal do meu bairro. Toda semana ou de quinze em quinze dias lá estava eu em busca de um novo livro. Gosto muito de lembrar dessa época, quando a minha relação com a literatura era simplesmente de fome. Eu não queria ler autor tal ou literatura do país tal ou da época tal. Meu Deus, eu só queria *ler*. E cada livro, cada autor que eu conhecia era uma descoberta alegre e sofrida. Um fincar de estaca num novo mundo, uma imensa terra à vista a percorrer.

Na biblioteca municipal dos meus 16 ou 17 anos, eu transitava entre as estantes, sempre meio aflita e insatisfeita com a vida. Todo o futuro já me parecia pouco, tão pouco, para a imensidão de livros que existe nesse mundo para a gente ler. Então, percorrendo as fileiras repletas de livros e poeira, fui vendo as lombadas aqui e ali até que me deparei com uma com o título *O adolescente*. Apenas isso. Apenas isso, e eu tinha 16 ou 17 anos. Não conhecia o autor. Um nome esquisito, difícil à beça de falar. Peguei e levei para casa o livro de mais de trezentas páginas acreditando que, pelo título, a história poderia ter quem sabe alguma coisa a ver comigo. Ingenuamente, comecei a ler. E talvez tenha sido ali entre aquelas páginas que uma parte de minha ingenuidade se foi. A narrativa, na primeira pessoa, é sobre um filho ilegítimo, criado entre estranhos. A sensação maior do personagem é que tudo em sua vida não lhe pertence, inclusive o seu nome. Lembro que simplesmente não conseguia parar de ler, acordava e dormia com o livro velho e empoeirado da biblioteca ao meu lado. No final, retardava a leitura para a última página demorar. Voltava para passagens preferidas, já com saudade. Em nenhum momento pensei: Quem é esse tal de Dostoievski? Será um autor consagrado, desconhecido, experiente, iniciante? Eu estava apaixonada pela história, pelo jeito da escrita, não pelo autor. Pelo nome, já sabia que o escritor era de terras distantes, no entanto, apesar de a história do protagonista não ter nenhuma semelhança com a minha, nada do que ele escrevia, com exceção dos nomes dos personagens e de lugares, era estranho para mim.

Devolvi o livro no balcão da biblioteca triste de não poder deixá-lo em casa. Fiquei perdida sem saber qual seria o próximo que eu iria ler. O que eu poderia ler, depois daquilo? A bibliotecária deve ter percebido minha expressão perdida e perguntou se eu queria alguma ajuda. Mostrei o livro que eu devolvia, e ela me perguntou se eu tinha gostado. Fiquei assim muda sem saber o que dizer. Gostar não era bem a palavra, ou o verbo. Gostar a gente gosta de uma fruta, de um

suco, de um garoto na escola. Eu tinha... amado? me apaixonado? Não sei. O livro me deixara transtornada, comovida,
deslumbrada, doída. Foi uma brutal experiência estética, sei
hoje, talvez. Mas na época só sabia que tinha me perturbado, desnorteado. E talvez, mesmo hoje, saber apenas isso seja
realmente o bastante.

Eu e a bibliotecária acabamos nos entendendo. De um
modo que não sei dizer qual foi, ela percebeu que eu havia
"gostado" e então fez as devidas apresentações. Por sua boca
fiquei sabendo que Dostoievski era um grande escritor russo,
do final do século XIX. A bibliotecária fez questão de dizer:
reconhecido no mundo todo, consagrado e visto como um
gigante da literatura mundial. À medida que a ouvia, algo em
mim me alertava, não sabia bem o quê. Instintivamente, abra-
cei o livro, como se estivesse prestes a perdê-lo. Um estranho
sentimento de invasão me dominava. Pensava em Arkadi
Makarovitch, o protagonista de *O adolescente*, em Versilov e
Katerina, os outros personagens, enquanto ela falava da fama
e da importância de Fiodor Dostoievski na literatura russa
e universal. Hoje sei que uma batalha implacável se iniciava
em minha mente e sentimentos: eu lutava para não deixar o
livro que eu havia amado ser sobrepujado pelo renome do
seu autor. Resistia, pensando nas passagens preferidas, nas
frases e imagens que haviam me impactado, no sofrimento e
na esperança de Arkadi, na paixão de Versilov e Katerina. Eu
mal sabia que essa é uma batalha antiga, e, de antemão, eter-
na. Atravessa décadas e séculos, ganha roupagens e trejeitos
diferenciados, mas está sempre lá, levando tantas pessoas a
escolherem, lerem e preferirem, não o livro, mas o escritor.

Quase por um instinto de defesa, perguntei à bibliotecária sobre os outros livros de Dostoievski. Eu a acompanhei

angustiada até uma estante, onde ela me apontou *O idiota*, *Crime e castigo*, *Os irmãos Karamazov*, *Os demônios*, *O jogador* e tantos outros. Levei *O idiota* para casa, sem saber que carregava um romance que seria inesquecível para mim. No caminho, repetia o nome do autor, na intenção, vejo hoje, talvez de desmistificá-lo. Não queria a sua presença, quando eu abrisse as páginas de seu livro. Queria os personagens, queria o enredo, queria as emoções profundas que o mago russo sabia expressar tão bem, sim, com tanta magnitude, mas era a obra, não o autor, que eu desejava encontrar quando começasse a leitura. "Um grande escritor", havia dito a bibliotecária, "muito profundo", ela continuou, "renomado mundialmente", sem perceber que impunha uma distância entre mim e o mago russo que eu não havia sentido até então. O meu encontro com Dostoievski havia sido às escuras, por isso, talvez, nos tateamos e nos conhecemos verdadeiramente. E foi dessa forma, íntima, que ele se tornou grande para mim.

Pão e poesia

Na minha escola havia uma matéria chamada "Biblioteca", adorada por todos os alunos. O motivo de tanta adoração não era esse que a nossa esperança literária acalenta, o amor pela leitura. Era de outra ordem: o amor pelo ócio. Ou melhor, pela liberdade, para não soarmos tão vagabundos. Durante uma hora, não precisávamos copiar textos do quadro, nem fazer exercícios, nem decorar regras e sistemas, nem nada. Estávamos livres. Era assim, ao menos, que a maioria compreendia a matéria. Íamos para a biblioteca, e folheávamos revistas, e batíamos papo, e cantávamos baixinho, e dormíamos. Ler? Ah, sim, estávamos rodeados de livros. Havia inclusive uma simpática bibliotecária que sempre nos perguntava: "O que vocês vão ler hoje?" A maioria mostrava, sorridente, uma revista: de quadrinhos, de cinema, de fofocas. A simpática bibliotecária balançava a cabeça, em reprovação afetuosa, e seguia adiante. Quando passava por mim, piscava o olho e me dizia baixinho: "Chegou aquele livro de poesia", tão baixinho que só eu ouvia, só eu era atingida por aquela rajada de vento entre as mesas da biblioteca, naquela hora repleta de risadas abafadas e sussurros incontroláveis. O livro em questão era da Cecília Meireles. Na época, eu estava mortalmente apaixonada por um menino da escola. E como o menino nem desconfiava da minha existência, eu acabei mais apaixonada ainda, pela poesia. "Procurei-te em vão pela terra, perto do céu, por sobre o mar. Se não chegas nem em sonho, por que insisto em te imaginar?", era o verso do poema "Meu sonho", de Cecília, que eu repetia e repetia e repetia sem cansaço nem descanso. Era uma música, para mim. Com o mesmo poder melódico de me transportar, comover e transformar. De alegre, ficava triste. De tanta tristeza, me alegrava.

Em outra aula, a bibliotecária simpática não me viu mais entre as risadas e as revistas. Lá estava eu entre as estantes, menina arrastando pernas e esperanças, diante de uma plaquinha na qual estava escrito "Poesia brasileira". Havia pego por acaso um livro. "Amar o perdido/ deixa confundido/ este coração." E por acaso os meus olhos haviam caído naquela página. "As coisas tangíveis/ tornam-se insensíveis/ à palma da mão." E lia palavras que eu não entendia imediatamente o significado (o que é *tangível?*, perguntei à minha mãe naquela noite, durante o jantar), mas as entendia completamente numa outra ordem de entendimento. Numa ordem esquisita de taquicardia e ardor no rosto. "Mas as coisas findas/ muito mais que lindas/ essas ficarão." De onde estava, a bibliotecária simpática não podia ver: eu suspirava. Lendo "Memória", poema de Carlos Drummond de Andrade, eu esquecia aos poucos o menino da escola, mas acendia e reacendia eternamente o meu amor. Assustada, compreendi, também numa outra ordem de compreensão (de mãos frias e tropeços ofegantes), que as palavras têm temperatura. Elas esquentam e esfriam como qualquer coisa viva.

Anos depois, quando eu não frequentava mais a aula de Biblioteca, mas um cursinho pré-vestibular, me deparei com o mesmo Carlos Drummond de Andrade, numa livraria. "Amor é privilégio dos maduros", dizia o poema "Amor e seu tempo", que eu li aterrada, entre as estantes, pensando no meu primeiro namorado. "Estendidos na mais estreita cama", o poeta cantava, e eu me perguntava, como seria aquele amor maduro, que acontecia à mulher e ao homem depois de tantos outros. Eu estava na idade em que, se tratando do amor e de outras eloquências, quase tudo era pela primeira vez. "Roçando, em cada poro, o céu do corpo", passei noites insones repetindo, sem saber na época, que, se tratando de amores, a primeira descoberta é entrada para as outras. Que ficaríamos sempre nesse ciclo interminável de inícios e fins, num eterno movimento de cobrir e descobrir. "Amor é o que se aprende no limite", aprendi, mais tarde, no espanto de ver se concretizar em mim o poema, como a realização de uma profecia. Mas não é isso que nos fazem os versos? Nos tiram de um lugar em nós mesmos para nos devolver depois, desordenados e, ao mesmo tempo, mais inteiros?

Comecei a perder a memória poética quando entrei para a Faculdade de Letras. Precisava de tempo para estudar literatura, teoria literária e outras disciplinas que enchiam as minhas prateleiras de livros. Livros sobre algum escritor, ou algum movimento literário, ou alguma teoria, ou algum teórico, ou a respeito de certo aspecto da literatura tal destrinchado por, ou a obra de um escritor de acordo com, ou fragmentos de comentados por, ou ensaios de sobre. Quando me formei, já não conseguia mais repetir de coração nenhum poema. Um único verso que fosse, eu não sabia. Afinal, era uma moça estudada. Foi uma pessoa que não lembro agora, provavelmente alguém desavisado, que me presenteou, na minha formatura, com um livro de poesia. "Da primeira vez em que me assassinaram", li, trêmula, com o diploma nas mãos. E agora? Eu perguntava, apertando com força Mário Quintana. Só então eu percebia que algo precioso havia se escapado de mim. E agora? Formada, fui dar aulas de literatura brasileira para o ensino médio, com a viva esperança de trabalhar com a leitura e a escrita. No entanto, apenas um semestre foi o suficiente para me desesperançar. "Da primeira vez em que me assassinaram", repeti o verso de Quintana, assim que saí da sala, após a prova na qual era muito importante saber qual era o período literário representado por Cecília Meireles, "perdi o jeito de sorrir que eu tinha", e se Carlos Drummond de Andrade podia ser considerado modernista, "Depois, de cada vez que me mataram/ foram levando qualquer coisa minha.../". Quando saí desse emprego, fiquei rodando horas pela cidade até me deparar enfim com uma livraria. Entrei, sôfrega. "Poesia", pedi ao livreiro, como se pedisse num bar uma bebida. "Com pedaços de mim monto um ser atônito", era o Manoel de Barros que me falava. Li e reli o verso, sorvendo das palavras o espanto, a alegria, a angústia de uma menina na biblioteca, o pousar de mãos de um senhor em seus cabelos brancos, o saltitar de um menino atravessando a rua, a moça que, de brincadeira, se escondia do namorado. "Eu tinha mais comunhão com as coisas do que comparação", o poeta cantava, e eu repetia, repetia. Tentava recuperar algo que sentia perdido, e que talvez só a poesia... Talvez, uma capacidade de me enternecer.

Tiro nas letras

Quando Raul Pompeia suicidou-se com um tiro, aos 32 anos, em uma triste noite de Natal, deixando uma controvertida obra composta de novelas, romances e crônicas, não podia prever que, um século depois, um rapaz de 17 anos tiraria da mochila, um resumo do seu livro *Ateneu* se sentaria na cadeira de uma escola com o *jeans* surrado de todos os dias, balançaria nervosamente os tênis durante toda a aula, enquanto respondia, valendo um ponto cada, questões deste tipo: a) O escritor naturalista Raul Pompeia morreu de tuberculose. b) O escritor romântico Raul Pompeia era homossexual. c) Raul Pompeia era natural do Rio de Janeiro. d) O escritor Raul Pompeia suicidou-se.

Do mesmo modo, Castro Alves, quando escreveu *Navio negreiro*, aos 21 anos, tomado pela densidade poética e pela forte questão humana que envolvia a defesa da emancipação dos escravos, não poderia imaginar que cem anos depois trechos do seu poema seriam impressos na prova de uma matéria chamada literatura brasileira, e, muito menos, poderia supor, em seus maiores delírios, que as perguntas feitas a partir de sua obra seriam: 1) O autor deste poema pertence a qual fase do romantismo? 2) Quais as características do movimento romântico expressas em Castro Alves?

Muito menos Augusto dos Anjos, que falava com a morte tão de perto em seus poemas a ponto de ela ter chegado cedo à sua vida na forma de uma pneumonia fatal, aos 30 anos, não poderia conceber que, dez décadas depois, uma professora em início de carreira, apaixonada desde sempre por seus versos de angústia e espanto, entrou em depressão profunda após uma aula de literatura, na qual por pressão do programa curricular, da carga horária apertada e da data da prova, teve que resumir a obra de seu poeta preferido em duas frases: *Os versos mórbidos de Augusto dos Anjos ofenderam a métrica parnasiana e os bons costumes da lírica*, ela ditou, trêmula, do livro didático para os alunos. *O pessimismo do poeta aliado à ciência acusava a degradação humana por meio de analogias com processos químicos e biológicos*, disse, lúgubre. *De-gra*, o que, professora?, um aluno perguntou, enquanto copiava. *De-gra-da-ção hu-ma-na*, repetiu, perplexa, e, naquela noite, queimou em silêncio profundo as cinquenta cópias do poema *O Deus-verme*, que havia escolhido e impresso para ler e discutir na aula.

Enquanto Lima Barreto andava madrugadas sem fim pelas ruas do centro do Rio de Janeiro, buscando em vão a paisagem antiga da cidade amada, enquanto denunciava em suas crônicas o caos e conchavos da Primeira República, ou enquanto dava voz e corpo em seus romances e contos à realidade brasileira, que pouco se olhava no espelho e quando se olhava via outra cara, a europeia, ele não poderia ter concebido, nem em seus pesadelos etílicos, que em menos de um século a sua vida e obra marginalizada receberia meia página em um livro didático, e que um professor diria afobado aos alunos que não era preciso lê-la, porque aquele escritor não cairia na prova da próxima semana e o seu livro raramente era pedido no vestibular.

Também não passou pela cabeça de Machado de Assis que onze décadas depois de ter escrito o seu *Dom Casmurro*, em um mergulho inédito e assustador na psique humana, duas jovens de 16 anos seriam trancadas em seus quartos por dois dias e duas noites inteiras, sem direito a TV nem a MP3, com a ordem dos pais de que só poderiam sair após conhecerem enfim a alta literatura brasileira, lerem o famoso romance do consagrado escritor e fazerem o trabalho escolar a ser entregue na segunda-feira, no qual deveriam responder, no mínimo em uma lauda, no máximo em duas, se Bentinho tinha motivos para ser tão ciumento e se Capitu afinal era ou não era flor que se cheire.

Tampouco passou pela cabeça de um escritor contemporâneo, ao lançar enfim o seu livro, que, em 2080, ele poderá ser tema de uma questão múltipla-escolha de um vestibular futurista, ou então será usado como ilustração do "estilo de época" do início do século XXI, ou ainda ser resumido em um texto informativo, com cheiro de escritório e formol. Entretanto, passou, sim, pela cabeça de outro escritor contemporâneo de renome e fama, que uma posteridade cruel e assustadora talvez o aguardasse, quando viu o filho, para quem lia histórias desde o berço, entrar na escola amigo dos livros e sair de lá para a faculdade exausto de características, estilos de época, nomes de autores e livros clássicos lidos mal e apressadamente para um trabalho ou prova. Também passou, sim, pela cabeça de uma escritora contemporânea em início de caminhada, que havia algo de podre no reino das palavras, quando a sua irmã adolescente, que se autodenominava amante da literatura, um dia, em uma livraria, comprou entusiasmada um livro de sucesso do momento, e quando se deparou, em uma prateleira, com um dos livros que tinha lido na escola, fez uma imensa careta. Diante da perplexidade da escritora contemporânea, a irmã caçula explicou a diferença: *isto não é literatura*, é matéria.

Dizem que na escuridão de noites sem lua, corredores de escolas são invadidos por espectros indignados. Vozes sem corpo ressoam entre carteiras e mesas vazias, exclamando trechos de livros e declamando poemas. Sôfregas vozes que se transportam no tempo e no espaço, assombram e iluminam os sonhos de professores e alunos, murmuram e rosnam nos ouvidos de diretores e programadores curriculares, entram entre gritos e grunhidos nos pesadelos ministeriais e presidenciais até a manhã apontar o fim da escuridão e o início de outras angústias.

Há aquelas que ainda conseguem recobrar um pouco o fôlego ao se deparar, em suas errâncias, com um livro aberto sobre um peito que dorme, outro com marcador no fundo de uma bolsa, uma pilha de papel fresca e branca prestes a ser impressa, dedos nervosos sobre teclas insistentes, folhas escritas sobre a mesa. Pequenos fragmentos de esperança, porém. Quando o sol nasce e a cidade acorda, quando as livrarias abrem as portas e as escolas tocam o hino nacional, os espectros retornam exaustos às bibliotecas e às estantes, e as vozes se refugiam ainda sôfregas entre poeiras e livros.

O primeiro encanto, a primeira vertigem

"Quando eu era pequena, não queria fugir com o circo, mas morar numa biblioteca", me disse uma vez uma amiga escritora. Imaginei-a menina correndo entre estantes, a barra do vestidinho esvoaçante, enquanto ela formava, com volumes grandes, muralhas, com os pequenos, delicadas escadas, torres inatingíveis. "Bibliotecas eram estranhas", ela continuou, "pareciam o lugar mais seguro do mundo, e, ao mesmo tempo, o mais divertido." Minha amiga explicou que não imaginava sequestros nem assaltos em uma biblioteca. Quem iria roubar livros? E havia o silêncio. Absoluto. "Que chegava às vezes a doer de tão bom. Tão diferente dos gritos nas ruas e nas casas." Na biblioteca a diversão era garantida, ela continuou, e cheguei a vislumbrar, em sua voz, a entonação de criança: "Como não se divertir com Monteiro Lobato? Lygia Bojunga?" A minha amiga percebeu logo a minha reação ao ouvir o nome de uma das minhas escritoras prediletas (até hoje, moça feita, de salto alto, agenda cheia e rímel nos olhos). Se ela queria morar numa biblioteca, eu, quando menina, queria morar dentro de um livro: *A bolsa amarela*. Pensando melhor, não era exatamente dentro do livro que eu queria morar, mas dentro da própria bolsa amarela. Cheguei a pedir à minha mãe para fazer uma, bem grande. Grande o suficiente para caberem todas as vontades, por mais desmedidas que fossem. A protagonista do livro de Lygia tinha três (lembro que eu achava tão pouco): a de crescer (de que eu não fazia nenhuma questão), a de ser garoto (arghh!), e a terceira... A terceira eu não podia achar pouco. A terceira me assustava: a de se tornar escritora. Um susto que eu também guardava secretamente em algum compartimento da minha bolsa.

"Se a sua primeira paixão por um livro foi *A bolsa amarela*", minha amiga escritora disse, "a primeira paixão de Lygia foi *As reinações de Narizinho*." "A mesma paixão de Clarice", lembrei. Para mim, Clarice era aquela menina do conto *A felicidade clandestina*, que diariamente batia na casa de uma coleguinha de escola que lhe prometera emprestar o livro de Monteiro Lobato. Mas essa coleguinha era cruel, como nunca deveriam ser as filhas de donos de livraria, e diariamente fingia que havia esquecido o livro. "Eu, que não era dada a olheiras, sentia as olheiras se cavando sob os meus olhos espantados", escreveu Clarice. A tortura se desfez semanas depois com a chegada da mãe, que descobriu perplexa o plano de sua filha. Imediatamente, ordenou que o livro fosse emprestado, e disse que a menina podia ficar com ele o tempo que quisesse. "O tempo que eu quisesse! É tudo que uma pessoa, grande ou pequena, pode querer", Clarice escreveu. E o que se seguiu foi um ritual de amantes. "Chegando em casa, não comecei a ler. Fingia que não tinha o livro, só para depois ter o susto de o ter. Horas depois abri-o, li algumas linhas maravilhosas, fechei-o de novo, fui passear pela casa, adiei ainda mais indo comer pão com manteiga, fingi que não sabia onde guardara o livro, achava-o, abria-o por alguns instantes. Criava as mais falsas dificuldades para aquela coisa clandestina que era a felicidade. A felicidade sempre iria ser clandestina para mim", Clarice escreveu. E nós, eu e minha amiga escritora, a lemos, hoje e sempre.

Será essa a lembrança ou sentimento que tentamos reavivar quando escrevemos? Pensei. Será que o escritor está sempre tentando resgatar, ou re-criar, ao escrever a sua história, a paixão que sente ao ler? Como se sempre estivéssemos estendendo a mão para os grandes impactos com a leitura que tivemos, sempre buscando a fonte que despertou aquela sensação primeira: o amor pelos livros. "A Lygia leu *As reinações de Narizinho* mil vezes", minha amiga disse que a grande escritora revelou, num belo livro intitulado *Livro* (perdoem a repetição, que aqui é até poética), que foi esse livro (de novo) de Monteiro Lobato que sacudiu a sua imaginação. A partir daquele instante, ela também quis imaginar. O mundo de repente não lhe bastava como era. Triste ironia de todo escritor, se há a imaginação, o que pode mais bastar?

"Eu quero escrever sempre de mãos dadas com essa menina", disse minha amiga, "a menina que queria morar na biblioteca." Eu a escutei, sentindo, em minhas mãos, a pequena presença de um roçar de dedos. "E eu, com a menina que queria morar na bolsa amarela." Lembrei então de um episódio da minha infância, anterior à leitura do livro da Lygia Bojunga. Tão anterior, como se houvesse uma infância primeira, primitiva, sem signos e símbolos, desconhecida de significantes e significados. Infância, apenas.

Eu estava na alfabetização e ia enfrentar a minha primeira prova. Era de leitura. Ninguém sabia qual história a gente ia ler, a surpresa fazia parte do teste. Também fazia parte a leitura ser para a diretora da escola, não para a nossa professora querida. Sabe-se lá de onde vêm esses requintes de tortura, mas era assim. Lembro que estava todo mundo elétrico, a diretora tinha cabelos brancos em cachos de caracol em sua cabeça. Podia parecer um anjo, mas não era. Era uma mulher muito ocupada e muito séria. Para aumentar o requinte da nossa prova-tortura, ficávamos todos na sala, em nossas carteiras, até sermos chamados pelo nome. Aí nos levantávamos e seguíamos a nossa professora querida por um corredor que lá pelos meus 5 anos achei enorme. Uma porta azul fechada então era aberta e lá estava: a diretora que de anjo só tinha os cabelos.

Lembro que atravessei o corredor comprido com a mesma ansiedade dos meus amigos. Entrei pela fronteira azul com a mesma expectativa assustada. Mas assim que vi os caracóis brancos, tentei me recompor. Olhei a diretora com desconfiança, sem deixar ela perceber que eu sabia que ela sabia que eu sabia muito bem que, de nós duas ali, era eu, sentada na cadeirinha amarela, a única em desvantagem.

E foi quando tirei os olhos da diretora para a prova.

E, por uma dessas mágicas que acontecem e transformam uma coisa em outra, a prova de repente não era mais uma prova: era um livro.

E a diretora sumiu com seus cabelos de caracol branco e com a sua tortura requintada para algum reino longe muito longe da porta azul. Ali, ficou só a história. Lembro como se fosse hoje, era sobre um pintinho.

"De vez em quando, ainda procuro esse **livro**", contei à minha amiga, "com a mesma alegria aflita que releio a Lygia Bojunga." Como se quisesse reencontrar o primeiro namorado, aquele que não me beijava nem me levava ao cinema, mas que puxava meu cabelo e me dava o seu lanche no recreio, eu queria reencontrar esse livrinho. Folhear as suas páginas, resgatar e eternizar aquela primeira sensação de encantamento. "Já reparou como sempre voltamos aos nossos primeiros livros?", minha amiga disse. "Relemos mil vezes e releremos até o final de nossas vidas aqueles livros que nos despertaram para a leitura, o nosso primeiro amor."

A política das estantes

Quando eu era menina, todos os sábados era assim: de manhã, minha mãe nos levava, eu e minha irmã, para passear. E o passeio incluía, sempre, uma ida à livraria. Nós íamos com uma missão especial; era, na verdade, um presente: entre todos os livros nas prateleiras e estantes, para crianças, adultos, jovens; de comédia, drama, romance, e tudo o mais, nós podíamos escolher um livro — qualquer um — para levar para casa.

Como a menina do conto "Felicidade clandestina", da nossa Clarice Lispector, que exultou ao poder ficar com um livro emprestado pelo tempo que quisesse ("O tempo que eu quisesse! É tudo que uma pessoa, grande ou pequena, pode querer", Clarice escreveu), eu também exultava ao poder levar para casa o livro que *eu* quisesse. E se a menina da Clarice fez seu ritual ao chegar em casa com o livro ("Fingia que não tinha o livro, só para depois ter o susto de o ter"), eu fazia, a cada sábado, o meu próprio ritual. Para mim, que descobria a leitura como uma possibilidade de emoções surpreendentes, de aventuras extraordinárias ao alcance das mãos e dos olhos, escolher apenas um livro num mar de estantes era tarefa árdua e muito preciosa.

Como era menina e não conhecia autores, não lia resenhas, não tinha conhecimento dos premiados do ano, da lista dos mais vendidos e nem do que a crítica especializada apontava como referência da literatura clássica e contemporânea, eu seguia instintivamente pelas capas e lombadas, na expectativa febril de encontrar em breve o *meu* livro. Inicialmente, percorria com os dedos os volumes, numa busca tátil e premonitória de sensações. Aquela história seria alegre, triste? Me faria chorar, como eu gostava na época?, sabe-se lá por que uma menina risonha precisava debulhar-se de vez em quando sobre uma tragédia social, um drama familiar ou um amor impossível. Ou me faria ter ímpetos de desbravador e explorador das matas e terras desconhecidas deste e do outro lado do mundo? Eu não sabia. E não saber fazia parte da descoberta. Às vezes um título me atraía, e me fazia segurar aquele livro com mais força. Os dedos em passagem se tornavam mãos firmes sobre o volume. Eu o abria e lia algumas frases. Muitas vezes, era nesse momento que minha escolha se definia. Uma frase ou duas bastavam para me lançar no universo do livro, ou para me tirar completamente dele. Em dias de mais ousadia, ia direto para a última página. Até hoje, não sei por que, o último parágrafo de um livro é um mistério para mim. Ali está, pressinto, o fôlego suspenso do autor ao escrever a última frase, a sombra de tudo o que se disse e de tudo o que aconteceu, últimos vestígios deixados ao leitor.

Ainda hoje, ao entrar numa livraria, lembro dessa menina entre as estantes, intrigada com livros e com o que se ameaçava dentro deles. Através das atentas mãos de minha mãe, a literatura presente tão cedo em minha vida. Mas não foi preciso crescer muito e nem conhecer o outro lado da leitura, a escrita, para enxergar as estantes e prateleiras de outro modo. Quando já estava crescida o suficiente para ter um amigo escritor, com livro publicado por uma editora bacana, com lançamento divulgado na imprensa, com resenha feita nos principais jornais e tudo, entrei numa livraria com a missão de comprar o livro para dar de presente a uma amiga. A cara de paisagem do livreiro ao ouvir o título não me desanimou. Passeei entre as estantes, em busca do livro. Os meus dedos pousaram sobre as lombadas, na maioria estrangeiras, títulos conhecidos das listas dos mais vendidos. Percorri as prateleiras e estantes ao redor, ainda com esperança: alguns consagrados nomes nacionais despontavam nas capas. Embora poucos, não quis desanimar. O livreiro, no entanto, foi categórico: ali não encontraria o livro que queria. E me apontou outras estantes, mais para o fundo da loja. Se tivesse algum exemplar, estaria lá.

Lá, advérbio que aponta para longe, estabelece distâncias. Olhei para o canto mal-iluminado e quase deserto da livraria. Caminhei lentamente na sua direção, enquanto as pilhas de livros ao meu redor se transformavam em barricadas, as estantes erguiam implacáveis fronteiras, as prateleiras marcavam territórios inalcançáveis. Examinei a estante, constatando desolada que, não apenas o livro do meu amigo, mas muitos dos títulos nacionais lançados recentemente estavam ali. Fora do percurso habitual dos visitantes da livraria. Assim como os cadernos de cultura pouco falam sobre livros nacionais, as estantes das livrarias pouco os mostram ao leitor. Assim como é preciso caçar o suplemento literário entre tantos outros, tarefa quase impossível para quem não é do meio literário, é preciso ser desbravador, um verdadeiro explorador, para encontrar títulos nacionais contemporâneos nas livrarias.

Mas enfim comprei o livro e presenteei a minha amiga. Não comentei que ela é uma leitora incansável, cumpridora do circuito dos best sellers, das grandes coleções e das exuberantes prateleiras. Mas, é importante dizer, com um senso crítico vivo, minha amiga não se deixa iludir facilmente. Entre os lidos, nem sempre os estrangeiros mais vendidos são seus prediletos. "O que te atrai num livro?", lhe perguntei certa vez. "A história", foi a primeira resposta, "o jeito de contá-la, a linguagem do autor", foi a segunda. Cheia de esperança, tirei o livro do meu amigo escritor do fundo da livraria e lhe entreguei. Duas semanas depois, o resultado: não só ela havia adorado o livro, como estava procurando em vão nas livrarias outro exemplar para dar de presente. Foi preciso recorrer ao mundo virtual para consegui-lo. "Por que foi tão difícil encontrar esse livro?", me perguntou, incrédula. O autor morava no mesmo estado, a editora, no mesmo país, e nunca havia ocorrido, entre ela e um livro, tanta distância. Pensei na menina entre as estantes. Na sua idade, as estantes e prateleiras eram apenas universos a serem desvendados e conhecidos. Ela não sabia que, ao vasculhar toda a livraria, ultrapassava barricadas e fronteiras, derrubava estantes e hierarquias, desconstruía territórios políticos estabelecidos, decifrava labirintos, movida unicamente pelo sentimento da leitura.

O meu professor de literatura

Às vezes, eu costumava matar aula no colégio para ir ao cinema; outras vezes, vejam só, para ir à biblioteca da escola mesmo. Foi estranho quando, um dia, o meu professor de literatura da época me encontrou numa dessas vezes entre as estantes, procurando um livro. Naquela hora, na minha turma, era a aula dele. Por algum motivo, ele precisou deixar a sala e ir à biblioteca rapidamente. Teve um espanto ao me ver ali. Não sei se porque eu matava a sua aula, ou porque fazia isso na biblioteca, com um livro nas mãos. Ele me olhava e olhava o livro. Ia e voltava com os olhos, perplexo. Eu não soube, por um instante, se devia justificar a minha ausência na sala ou o fato de ter escolhido um lugar cheio de livros para faltar à aula de literatura. Quando enfim comecei a gaguejar alguma coisa, ele se afastou, transtornado, e saiu, mas não antes de olhar mais uma vez o livro que eu tinha nas mãos, com evidente ressentimento.

Eu havia cometido algum delito grave para aquele professor. O fundo em meu estômago dizia isso. Não podia ser só a aula. Outros alunos também a matavam de vez em quando, e ele depois lhes chamava a atenção com uma seriedade divertida e irônica. Nada de perplexidades constrangidas. Olhares graves e ressentidos. Aquela reação perturbadora ele havia reservado apenas para mim. Mas, tampouco, devia ser a biblioteca, ou era? O livro suava em minhas mãos, assumindo talvez a culpa. Levei-o para casa, apertando-o em meu peito. Éramos cúmplices, nós dois, de um ato horrível e misterioso contra o professor. Naquela noite, tive pesadelos. Os olhos do professor tomavam inteiramente o seu rosto, e me enfrentavam indignados e ofendidos.

Na aula seguinte, tentei me comportar da melhor maneira possível. Não passei o tempo olhando para a janela, como costumava fazer, em busca de um horizonte qualquer. Nem me distraí com rabiscos, desenhos e frases inúteis no caderno. Fixava o professor com atenção exagerada, tentando absorver e compreender tudo o que ele dizia sobre o estilo da época Arcadismo, anotando *bucolismo* e *pastoralismo* com caligrafia exemplar, e assentindo com a cabeça toda vez que seus olhos passavam por mim e não me viam. Ao contrário do meu pesadelo, o professor não me olhava mais. Era dessa forma retraída que ele lidava com o ressentimento. Eu, por outro lado, assumia todas as culpas na medida em que ele silenciosamente me acusava. No corredor, evitava cruzar comigo, e, se me via no pátio lendo um livro, como eu gostava de fazer, mudava de direção como se estivesse diante de um obstáculo intransponível. Era sempre à noite, na escuridão da insônia, que eu ruminava as atitudes do professor e repassava a matéria. Romantismo: *nacionalismo, exaltação do eu.* Realismo: *racionalismo, crítica social.* Não sei por que, naquele dia eu achei que ele tremera um pouco durante a aula, a voz rasgando a garganta, ao dizer, *crítica social.*

Semanas depois, eu percebi: o professor não fazia mais a barba, engordava, e, como se não tivesse mais nada a fazer, envelhecia. Se antes não era alegre nem triste, agora não era, simplesmente. Entrava na sala de aula resignado, dizia algumas coisas, escrevia outras, para depois desaparecer. A sua apatia era tão grande que um dia ele deve ter se esquecido que sua presença era aguardada e realmente desapareceu. "Viajou", explicou a diretora, como se o fato de alguém ir de um lugar para o outro explicasse tudo. E assim os anos se passaram sem notícias do professor.

Nos encontramos anos depois, por acaso, numa livraria. Eu a frequentava sempre, e não sabia que, desde que entrara pela primeira vez ali, era observada pelo professor. Já sentia o livro suando em minhas mãos, quando ele me cumprimentou, perguntando se eu era eu, a sua aluna. Sim, confirmei. Ele me olhava e olhava o livro, como nosso constrangido encontro na biblioteca da escola. De repente, me abraçou, com uma gratidão que eu não pude entender. Mas, em seguida, o professor foi de uma claridade imprevista, de fechar os olhos. Uma de suas alegrias era me ver ali em sua livraria, ele disse. E sorriu, confirmando, sim, sou livreiro. E pegando um livro, levou-o ao peito. A capa sobre o coração, enquanto ele confirmava a satisfação de ver que eu continuava a gostar de ler, apesar de suas aulas. Aquele dia na biblioteca ressurgiu então entre nós. Me ver matar a aula de literatura para ler foi a gota d'água para o professor. Havia passado a noite anterior preparando uma aula de literatura, elencando, não poetas e escritores, seus textos e suas poesias, mas características, datas e nomes que os alunos não podiam deixar de saber, porque iam cair na prova, porque estavam no currículo do semestre. Às vezes, conseguia uma aula ou outra para os textos, mas era pouco, muito pouco. Até me ver na biblioteca, o professor me julgava uma aluna desinteressada e desinteressante, daquelas de que não se avista o futuro. Não me imaginava abrindo um livro, como podia supor que eu era uma leitora? Mas eu era, e, para ele, havia sido como um marido, que sempre considerara a esposa frígida, descobrir que ela tem um amante. Eu, que já tinha idade e altura para sorrir dessa imagem, sorri, profundamente feliz. O professor abraçava o livro, apaixonado. Contou que um dia, se levantou da cama, se arrumou para ir trabalhar, saiu de casa, mas, em vez de ir à escola, foi para uma livraria. No dia seguinte, pediu demissão. Juntou dinheiro, conseguiu um empréstimo e abriu uma pequena livraria, que se expandira em outras. "Eu queria estar perto dos livros", explicou. "Antes, eu achava que podia ser professor de literatura impunemente", disse. O professor entrara na escola cheio de esperanças de mudar o modo em que é feito o ensino da literatura, de driblar, dia a dia, o sistema. Mas foi ao contrário, era o sistema que estava, pouco a pouco, mudando o professor, encurralando-o numa sala escura. "Até te ver na biblioteca, eu não tinha a real consciência da dimensão do que eu fazia. A cada aula, eu matava um livro. A cada aula, um leitor morria."

Livros na fogueira

O filme *Fahrenheit 451*, adaptação do romance homônimo de Ray Bradbury, dirigido por François Truffaut em 1966, conta a história mais assustadora do mundo, segundo um grande amigo meu, professor de literatura. O filme, sempre presente em sua cabeceira cinematográfica, como uma aterrorizante lembrança de como o mundo pode ser, se passa em um futuro longínquo e hipotético, no qual a sociedade vive sob um regime totalitário, que proíbe a existência de livros e qualquer forma de escrita. A justificativa para tal ato ditador é horrivelmente cínica, diz meu amigo: os livros tornam as pessoas infelizes, passivas e improdutivas.

Já ouvi isso em algum lugar, digo a ele, e não em um futuro longínquo, mas num presente bem próximo. A ideia de que ler envolve passividade, por se estar parado fisicamente, sentado ou deitado, enquanto se lê um livro. A ideia de que ler entristece, por entrarmos em contato com experiências, muitas vezes dramáticas, outras vezes trágicas, de outras pessoas, mundos alheios ao nosso, que nada têm a ver com a nossa vida. A ideia de que ler é improdutivo, porque, ao menos, imediatamente, não leva ninguém a nada. Você não ganha dinheiro quando lê um livro, não fica mais bonito nem mais magro, não sobe na vida, não paga o almoço, não garante o jantar, não conquista ninguém, não é convidado para nenhuma festa, não faz amizades, não recebe privilégios nem cortesias. "Quantas vezes, durante a faculdade de Letras, eu estava lendo", conta meu amigo professor, "e vinha alguém de casa me chamar: vai lá no mercado comprar um frango pro almoço." Essas são duras recordações para alguém apaixonado pela leitura. "Meu irmão, que consertava a bicicleta, não era chamado. Meu pai, que engraxava os sapatos, não podia ser interrompido. Minha irmã, que penteava os cabelos, vendo TV, muito menos." E meu amigo sofria sinceramente ao lembrar. "Só eu era chamado. Eu, que estava lendo, era visto como o único que não estava fazendo nada."

Em *Fahrenheit 451*, a caça aos livros é implacável. Bombeiros eram convocados quando encontravam uma casa com estantes ocupadas. Acionados como se fosse para apagar um incêndio, eles invadiam a casa e faziam o oposto: queimavam os livros. Em vez da água, o fogo. Montag, o protagonista do filme, é um desses bombeiros, mas ele age ao inverso da ordem: em vez de queimar os livros, começa a lê-los. A leitura se inicia mais por curiosidade do que por gosto. Montag quer descobrir o que há nos livros para serem alvo de tanto ódio e violência. O argumento de tornar as pessoas infelizes, passivas e improdutivas parece pouco, tão pouco, para uma sociedade que cria remédios, conflitos e produtos com efeitos semelhantes e piores, sem por isso censurá-los ou aboli-los. Montag logo descobre: ele não se torna infeliz com os livros. Pelo contrário, se diverte, e até mesmo os dramas e as tragédias o conduzem a um lugar bom e elevado em sua mente. Ao ver o mundo com os olhos de outras pessoas — os personagens —, uma amplitude de perspectivas e compreensão começa a nascer em seu espírito. Montag também não se torna passivo, já que perguntas até então nunca feitas brotam em sua mente. Principalmente relacionadas ao sistema e crenças em que vive, antes aceitas sem questionamentos. Muito menos se torna improdutivo, porque na verdade o mundo de repente lhe parece maior, mais vivo, com possibilidades de realizações infinitas, mais interessantes e frutíferas do que a daquela realidade que lhe haviam imposto diariamente: a de caçar e queimar livros.

Meu amigo professor não vive hoje em uma sociedade que proíbe a leitura, nem que queima livros. Fogueiras literárias já aconteceram, no entanto, diz a nossa memória universal. A Inquisição, na Idade Média, destruiu livros com a justificativa de que eram de feitiçaria. No século XX, o nazismo incendiou livros que considerava perigosos ao regime. No Brasil, o decreto AI-5 legitimou a censura contra obras de arte, inclusive livros. Meu amigo mantém, como uma chama acesa, o filme *Fahrenheit 451* em sua cabeceira por uma questão mais espiritual do que ideológica. "Quando entro na sala de aula com um livro, sabendo que o foco da disciplina não é a leitura, mas as questões a serem levantadas e respondidas e corrigidas a partir dela, e, por consequência, a nota", diz o professor, "eu penso nesse filme." "Quando vejo meus alunos falando animados sobre um *reality show* qualquer, exaltados com as intrigas e mesquinharias que se passam no programa, satisfeitos com o mísero e ilusório poder que recebem de decidir quem é o mocinho e quem é o bandido, quem fica e quem sai", continuou meu amigo, "eu penso nesse filme." "Quando vejo pessoas tendo atitudes abusivas, ou racistas, sexistas e preconceituosas de todos os modos, repetindo cega e automaticamente padrões antigos de desumanidade e autoritarismo", concluiu meu amigo professor, "eu penso nesse filme."

Em *Fahrenheit 451*, a esposa de Montag percebe a mudança de comportamento do marido, e, a serviço do sistema totalitário, o denuncia. Antes, porém, Montag foge, se refugiando em uma comunidade chamada A Terra dos Homens-Livro, onde os habitantes, foragidos e vivendo clandestinamente, memorizavam a maior quantidade de livros que podiam, antes de serem destruídos. Decoravam cada frase na esperança de reescreverem e republicarem os livros, quando o regime totalitário um dia enfim terminasse. Decoravam cada frase na esperança de manter a existência de cada volume, por mais que a sua materialidade estivesse destruída. "Fahrenheit 451 é a temperatura que o papel alcança quando entra em combustão", diz o meu amigo. "Temperatura que temo sentir próxima, mesmo que metaforicamente", continua. E conta que, em uma triste e bela passagem do filme, uma mulher se recusa a abandonar seus livros, e é incendiada junto com a sua biblioteca. "Mas nós precisamos sobreviver", retruca o meu amigo professor de literatura, "para manter a chama acesa." Como os *homens-livro* com a memorização, como o filme em sua cabeceira.

PARTE III

Sobre Escritores, influências e voz narrativa, trajetórias e desejos literários, vida e obra que se fundem, o meio, o início e o fim da escrita, as palavras ditas e não ditas, a entrega e o que não se pode entregar, as lacunas, os silêncios, os segredos trazidos à tona cuidadosamente para não se partirem. O que se parte, o que se deixa no papel e o que se deixa para trás.

Perto do coração da linguagem

"Só nos diz a verdade quem não gosta da gente ou nos é indiferente", Clarice escreveu ao amigo Fernando, desolada, sozinha no apartamento vazio, rodeada de caixas como o deserto de uma ilha rodeada de mar."E tudo o que ele disse é verdade". Estava na Suíça, de mudança com o marido para um novo apartamento em Berna. A visão dos aposentos nus e da imensidão de caixas fechadas lhe dava vertigens. Pegara então numa bolsa a correspondência, como quem se apoia na parede para não desequilibrar na própria náusea. O que encontrou numa das cartas, porém, não lhe deu nenhuma estabilidade, pelo contrário, aumentou a sensação de que afundava no vazio do apartamento e na profundeza das caixas.

Um amigo enviara do Brasil um ensaio chamado *A experiência incompleta*, do crítico Álvaro Lins, sobre *Perto do coração selvagem*, o primeiro romance de Clarice Lispector, lançado em 1943, quando a escritora tinha 23 anos, e *O lustre*, o segundo, publicado em 1946. Antes de ler o ensaio, Clarice precisou se sentar sobre uma das caixas, já abatida pelo título. Naquela mesma manhã, havia pensado que gostaria de trabalhar sem parar, escrever árdua e constantemente, mas as coisas vinham para ela em retalhos, fragmentos de frases e imagens, situações nebulosas, sempre esparsas, sempre... incompletas.

"Um romance", afirmou Álvaro Lins, "não se faz somente com um personagem e pedaços de romance. Romances mutilados e incompletos são os dois livros publicados pela Sra. Clarisse (*sic*) Lispector, transmitindo nas últimas páginas a sensação de que algo essencial deixou de ser captado ou dominado pela autora no processo da arte da ficção."

Clarice desviou os olhos do papel para a sala. A casa mutilada em caixas fechadas, as paredes brancas sem vestígios, o chão liso sem móveis que fazem da sala o lugar onde se come, do quarto o lugar onde se deita. Partes de um todo que caberia a ela organizar, dar formas e cores, luzes e sombras. Organização que lhe dava vertigens antecipadas. Se pudesse, deixaria as caixas fechadas, e o que havia dentro delas intacto, tesouros intocados, protegidos e vigiados sem descanso. Apenas o vestígio de ouro e prata na superfície. Mas não podia, ela sabia que a sua tarefa maior era trazer à luz o segredo mais guardado, revelar sem corromper o tesouro mais escondido.

Álvaro Lins, ao fazer a sua crítica, baseava-se no conceito tradicional do gênero do romance, fundamentado em uma sólida estrutura de lógica temporal, espacial e eventos sequenciais, onde não se encaixava uma obra fragmentária sem unidade lógica, solução final e uma progressão dos fatos.

"Mas o que é que se torna fato?", Clarice escreveu a Fernando. "Devo interessar-me pelo acontecimento?" Para ela, os acontecimentos eram secundários, já que nasciam das pessoas, e não ao contrário. "Por que deveria encher as páginas com informações sobre os 'fatos'?" Não devia, Fernando afirmou. Apesar de pensar como o amigo, ela não conseguia esquecer as palavras do crítico sobre os seus romances, "mutilados", repetia olhando as caixas fechadas em seu apartamento, "incompletos". Nada a havia preparado, porém, para o que viria a seguir. Em certa parte do ensaio, Lins deixou o livro, para se concentrar em outro aspecto. "O leitor menos experiente confundirá com a obra criada aquilo que é apenas o esplendor de uma personalidade estranha, solitária e inadaptada, com uma visão particular inconfundível." Clarice levou um choque, ao ver que o crítico se referia a ela. Era a nebulosidade da personalidade da escritora que impregnava o romance, ele disse. Tão sentada ela estava sobre uma caixa que nessa hora se levantou. A sensação de que o crítico tirava o dedo do livro e o virava com firmeza para o seu rosto.

"É um cretino!", Fernando vociferou por carta à amiga. E exigiu que Clarice não se abalasse: "Você avançou na frente de todos nós, passou pela janela, na frente de todos", disse, não como consolo, mas como constatação. Para o escritor Fernando Sabino, Clarice Lispector havia alcançado uma forma muito própria de escrever, na qual a linguagem nascia da experiência mais íntima da personagem. Em primeiro plano, não estavam os episódios, mas o fluxo palpitante da subjetividade. O que Álvaro Lins havia visto como excesso de introspecção e individualidade era para Sabino originalidade e renovação na criação de um romance. Apesar das suas palavras, Clarice sentiu um desânimo profundo. Em pé, entre as caixas e o espanto, assumia a observação do crítico como uma fatalidade: "O que sou está acima da linguagem, mas como posso escrever sem mim?"

Para outro crítico, Antonio Candido, *Perto do coração selvagem* era uma tentativa impressionante de levar a "nossa língua canhestra a domínios pouco explorados, forçando-a a adaptar-se a um pensamento cheio de mistério, para o qual sentimos que a ficção não é um exercício ou uma aventura afetiva, mas um instrumento real do espírito, capaz de nos fazer penetrar em alguns dos labirintos mais retorcidos da mente".

"Escrever é tão perigoso", Clarice escreveria mais tarde, "o perigo de mexer no que está oculto — e o mundo não está à tona. Está oculto em raízes submersas nas profundezas do mar. Para escrever tenho que me colocar no vazio. Nesse vazio é que existo intuitivamente, mas é um vazio terrivelmente perigoso, dele arranco sangue." Clarice sabia, o vazio era a sombra do seu próprio mistério que se realizava na escrita.

O escritor Guimarães Rosa disse, uma vez: "A linguagem e a vida são uma coisa só. Quem não fizer do idioma o espelho de sua personalidade, não vive." Naquele dia, em seu apartamento novo, que de tão novo nada tinha ainda de seu, Clarice reconhecia que o que Álvaro Lins criticara era a característica maior de sua literatura. O seu defeito era na verdade a raiz de sua natureza de escritora. E seria a fonte maior de toda a sua obra. "Até cortar os próprios defeitos pode ser perigoso", escreveu depois à irmã, Tania Kaufmann, entre caixas abertas, segredos e tesouros trazidos à tona cuidadosamente para não se partirem, "nunca se sabe qual deles sustenta o nosso edifício inteiro."

O músico em Cortázar

O som do saxofone desenha o espaço, percorre linhas imprevistas, perfura o ar, preenche o palco, invade a plateia, desliza pelas mesas, sobrevoa cabeças, desequilibra a bandeja do garçom, mergulha no copo com a bebida inebriante, bate em cheio no peito do rapaz sentado na última fileira, escorrega entre as pernas das moças, ultrapassa paredes, derruba portas, ganha a rua deserta, escala edifícios, invade uma janela aberta em busca de ar fresco e entra no quarto de um homem solitário que escreve enquanto o som de um sax vindo de um bar não muito distante penetra em seus ouvidos.

Naquela noite, o escritor procurava um personagem para o seu conto que tratava da própria procura do escritor por um personagem, do próprio conto para a escrita, da própria linguagem para a língua, da própria criação para o artista. As notas sopradas o levaram a um músico, mas não bastava isso, seria um músico-poeta, que procurasse ultrapassar a matemática da música como ele também procurava ultrapassar a lógica consensual da escrita. Um instrumentista que perseguisse o som como a expressão da existência em um instante único e fugaz, que por ser único anulava a repetição para o instante seguinte e exigia o novo. Uma perseguição sem fim. Um perseguidor.

Este músico-poeta havia chegado a um estado mental e físico deplorável. Consequência inevitável das noites extenuantes viradas no palco, do abuso das drogas e da bebida, da insatisfação com os limites da arte, que, ao contrário do que ele desejava, lhe escapava como sabão entre os dedos. A arte que sofre o irônico destino de nunca estar nela própria, de necessitar sempre de um meio para aparecer, um instrumento que lhe dê forma, como o saxofone em suas mãos. Por isso, esse músico-poeta iria perder com frequência o seu instrumento, o escritor imagina solitário em seu apartamento. O que o levaria a estar constantemente atrás da coisa perdida: o seu meio de expressão artística, a sua forma, a sua linguagem.

Na rua escura, podia-se ouvir o som insistente da máquina de escrever saindo pela janela, martelando a noite, acordando vizinhos, misturando-se ao sopro improvisado do sax vindo do bar da esquina. Embalado pela música que sai de seu instrumento, o escritor desenha o seu personagem. O músico-poeta, com o saxofone perdido, o corpo e o pensamento esgotados, dirá frases como: "Pensava que as coisas boas... eram como ratoeiras... armadilhas para que a gente se conforme." E isso inclui tudo que nos estabelece maravilhosamente bem em um lugar e não nos dá vontade de sair dele. Radicalmente tudo, como ser marido, pai e empregado; como ter saúde, público e dinheiro; como ter o mesmo instrumento nas mãos e por isso achar que conhece o coitado de cabo a rabo, como só tocar canções bonitas, que é o mesmo que temer descobrir a beleza nas feias, que é como se olhar no espelho e reconhecer sem a menor sombra de dúvida, sim, com certeza, este aí sou eu.

Em 1959, o escritor argentino Julio Cortázar escreveu e publicou o conto "El perseguidor", no livro *Armas secretas*. O personagem principal, Johnny, é um saxofonista inspirado livremente na figura e na biografia de Charlie Parker, um dos músicos mais inventivos e originais do *jazz*. Para Cortázar, "Charlie Parker foi um homem angustiado ao longo da vida. Essa angústia não era provocada apenas por problemas materiais, como a droga, mas por uma coisa que eu, de alguma forma, havia sentido em sua música: o desejo de romper barreiras como se procurasse uma outra coisa, como se quisesse passar para o *outro lado*."

Johnny-Charlie era o músico-poeta que levaria essa busca ao extremo. Apontaria o dedo para a própria face, para a *sua* música, o *jazz*. O seu saxofone se tornaria a trombeta divina de um anjo do Apocalipse, aquele que anuncia a destruição. Em "El perseguidor", Cortázar encontra o tema perfeito para falar sobre a problemática da linguagem artística, questão fundamental em toda a sua obra. "O *jazz* atende à grande ambição do surrealismo na literatura, quer dizer, a escrita automática, a inspiração total, papel desempenhado no *jazz* pela improvisação, uma criação que não está submetida a um discurso lógico e preestabelecido, mas nasce sim das profundezas."

Cortázar aspirava na literatura a liberdade criativa do *jazz*. "A maneira que pode sair de si mesmo sem deixar nunca de ser *jazz*", ele disse, em uma entrevista ao amigo e jornalista Ernesto González Bermejo, "como uma árvore que abre seus galhos à direita, à esquerda, para cima, para baixo, permitindo todos os estilos, oferecendo todas as possibilidades, cada qual buscando o seu caminho." Ernesto González Bermejo conta em seu prefácio que Cortázar escrevia como quem malha em ferro quente, burilava a forma de acordo com o conteúdo, correndo o risco extremo de queimar-se na matéria de sua escrita. Para o escritor argentino, é preciso livrar-se das estruturas estabelecidas, das vértebras do verbo, e permitir que a carne, os músculos e os tecidos da língua encontrem um caminho próprio e inimitável em essência. É o músico-poeta que perde o seu instrumento para recuperá-lo depois, novo, outro e irreconhecível. É o escritor que persegue a palavra como a expressão da existência em um instante único e fugaz — o narrado —, que por ser único anula a repetição para o instante seguinte — a próxima narrativa —, e exige o novo. Dos contos aos romances, a escrita de Cortázar é uma busca incessante pela renovação.

As pessoas, os escritores

O escritor William Faulkner tinha boas lembranças de seu emprego num bordel. "Para um artista, é o melhor lugar", declarou. "Têm-se liberdade econômica, um teto em cima e quase nada para fazer, salvo cuidar de umas escriturações simples e ir mensalmente pagar à polícia local. O lugar é quieto durante as manhãs, o melhor momento do dia para a literatura. E há bastante vida social à noite, o que afasta o tédio." Hilda Hilst mudou-se para um sítio isolado, onde escrevia durante o dia e aguardava a visita de discos voadores ao anoitecer. Para Ernest Hemingway, os melhores lugares eram os hotéis. "Basta uma cama, uma boa mesa e um quarto limpo." Françoise Sagan exigia apenas que o lugar fosse bastante iluminado. Caio Fernando Abreu não escrevia sem uma rosa amarela e uma foto de Virginia Woolf à sua frente. Balzac escreveu a sua *Comédia humana* trancado secretamente em um quarto minúsculo, fugindo de credores. Nelson Rodrigues criava seus personagens em meio ao burburinho frenético das redações de jornal. Anton Tchekhov elaborava a maior parte de seus contos entre consultas médicas e diagnósticos. Clarice Lispector escrevia com a sua Olivetti no colo, entre os filhos e os afazeres domésticos. Gustave

Flaubert fazia dos corpos de suas amantes sólido apoio para a pena e os papéis.

Dorothy Parker levava seis meses para escrever um conto. Primeiro imaginava-o do início ao fim, só depois sentava-se para escrever frase a frase. Ela nunca tinha o primeiro esboço porque não conseguia escrever cinco palavras sem modificar sete, como dizia. Dorothy Canfield Fisher comparava a redação de um primeiro rascunho a uma descida de esqui por uma encosta íngreme, que ela não tinha a certeza de ser bastante hábil para realizar: "Eu escrevia tão depressa quanto o meu lápis permitia, indicando palavras inteiras com os meus rabiscos." Frank O'Connor preferia escrever o que lhe viesse à cabeça, ou ao papel, sem julgamentos. Acreditava que no emaranhado de ideias apareceria o contorno principal da sua história. William Styron confessava ter uma necessidade neurótica de melhorar cada parágrafo, até mesmo cada frase, à medida que escrevia, o que tornava o ato de reescrever interminável. Françoise Sagan levava no máximo três dias revisando cada novela. A maior parte do tempo era dedicada a eliminar vícios literários: "Adjetivos, advérbios e toda palavra que lá estivesse apenas para produzir efeito." Georges Simenon era da mesma opinião. "Corto tudo que for muito literário", declarou uma vez em uma entrevista. "Se me deparo com uma bela frase, por exemplo, elimino-a." A beleza para ele era na maioria das vezes apenas decorativa. Julio Cortázar achava por bem desconfiar sempre dos seus textos, senão "corremos o risco de nos tornarmos cegos como aquelas mães que julgam os seus filhos os mais belos e inteligentes de todos, e assim esperam que o mundo inteiro faça". Clarice Lispector não relia os seus livros depois de entregá-los à editora. "Tenho náuseas", dizia.

William Faulkner não era contra a técnica, mas achava que ela muitas vezes assumia em demasiado o comando da imaginação artística, antes que o próprio escritor pudesse deitar-lhe a mão. "O trabalho assim não é mais do que uma questão de ajustar os tijolos uns sobre os outros. Já que o escritor provavelmente sabe cada palavra que virá até o fim antes de escrever a primeira." Difícil tarefa de manter a vivacidade dentro de uma forma, ele considerava. "O objetivo de todo artista é deter o movimento, que é a vida, por meios artificiais, e conservá-lo fixo, de modo que, cem anos depois, quando um estranho o fitar, ele se mova novamente." Henry Miller descobriu com o tempo que a sua melhor técnica era não ter técnica nenhuma. "Jamais achei que deveria aderir a qualquer maneira de tratar um tema. Permaneço aberto e flexível, pronto para seguir a direção dos ventos ou das correntes de pensamento." Truman Capote buscava manter um domínio estilístico e emocional sobre o que escrevia. Para ele, uma história poderia ser arruinada por causa de um ritmo equivocado de uma frase — principalmente se for na parte final, ou por um erro na divisão dos parágrafos ou de pontuação. "A arte de escrever possui leis de perspectiva, luz e sombra, assim como a pintura e a música. Se a gente nasce conhecendo-as, ótimo. Se não, devemos aprendê-las e depois readaptá-las para que se ajustem a nós." Katherine Anne Porter buscava como escritora uma visão singular para os acontecimentos. "É aí que começa o trabalho, com as consequências dos atos, não com os atos em si mesmos. É nas reverberações, nas implicações que o artista trabalha."

Henry Miller um dia cortou o cordão umbilical com a literatura. "Abandonei as influências e resolvi escrever partindo de minha experiência, daquilo que eu sabia e sentia. E isso foi a minha salvação." Deixou de ser um *literato* para ser um *escritor*, como ele disse. "Abandonei as ideias e os conceitos em prol da vitalidade." Em busca da pulsação vital da palavra escrita, muitos escritores equivocadamente olham mais para fora — para aquilo que chamam de realidade — do que para dentro — para aquilo que chamam de sonho ou imaginação, lamentou Paul Valéry. "Lançar mão da realidade é uma espécie de embuste", considerava Françoise Sagan. "A arte deve colher a realidade de surpresa." Para a escritora, a arte não deveria inculcar o *real* como sendo uma preocupação. "Nada é mais irreal que certos romances chamados *realistas* — e que não passam de pesadelos. É possível conseguir-se num romance certa verdade sensorial — o verdadeiro sentimento de um personagem —, eis tudo. A ilusão da arte por certo é fazer com que se acredite que a grande literatura é muito ligada à vida, mas exatamente o oposto é que é verdadeiro. A vida é amorfa; a literatura, formal." Ernest Hemingway considerava a busca da vitalidade, e não da realidade, a sua saga literária. "De todas as coisas que se sabem e das que não se sabem, a gente faz algo através de nossa invenção, que não é uma representação, mas é algo inteiramente novo e mais verdadeiro do que qualquer coisa verdadeira e viva. A gente lhe dá vida. Pelo tempo que dura uma leitura, e pelo tempo que a leitura ressoar em alguém, lhe dá imortalidade. Eis aí por que se escreve."

A ilha de Tchekhov

Em 1890, Anton Tchekhov fechou temporariamente seu consultório de médico para uma longa viagem à Ilha de Sacalina, no longínquo leste da Rússia. O escritor contrariava a família, que o queria próximo e se tratando da tuberculose, doença que o corroía havia seis anos, e também a comunidade científica, que não via sentido em uma viagem tão desgastante a um lugar que era o próprio inferno na Terra. Sacalina era um território a esmo, para onde eram deportados criminosos e presos em geral. "Pelo que li e estou lendo", disse Tchekhov em uma carta a seu editor, "consta que deixamos apodrecer milhões de pessoas nas prisões, sem razão, de maneira bárbara." A leitura sobre a Ilha de Sacalina se iniciara por conta de um convite para o escritor fazer uma reportagem sobre o lugar. Trancado em seu consultório, doente e sentindo-se solitário, Tchekhov fez mais do que aceitar o convite. "Às vezes, é preciso viver", declarou, antes de partir numa longa travessia, referindo-se aos livros que tratavam dos habitantes de Sacalina de modo superficial e retórico. "Na nossa sociedade, há muito discurso, pouca atenção verdadeira ao assunto e às pessoas", disse, revelando uma preocupação moral que permearia cada vez mais a sua literatura.

Em seus contos, Tchekhov deitava o olhar sobre os personagens, como se se aproximasse com uma lupa do ser humano. Atentamente, fazia do detalhe, da rotina, uma revelação da própria existência.

Aos 30 anos, Anton Tchekhov já havia alcançado considerável reconhecimento em sua carreira literária, mas o sucesso nunca o deslumbrou. "Um negócio enfadonho e absurdo. Almoço regado a champanhe, algazarra, discursos sobre a consciência nacional, a conscientização do povo, a liberdade e assim por diante, ao mesmo tempo que a volta da mesa é percorrida num azáfama por criados de fraque, igualmente servos, e na rua gélida os cocheiros esperam. Isso significa o coroamento da mentira", o escritor escreveu em seu caderno de anotações, após um almoço com a *intelligentsia* da época. "Eu acredito em pessoas, vejo a salvação em indivíduos, é neles que reside a força", considerava, mantendo-se afastado de qualquer vínculo com partidos políticos e grupos intelectuais, para ele, sempre mais ocupados em enaltecer as próprias ideias do que agir com efetiva justiça e moralidade. "Não podemos ocultar de nós mesmos nossas doenças, nem mentir e esconder nosso vazio com os farrapos alheios." Nesse sentido, a Ilha de Sacalina trazia à tona uma sociedade conivente com a atrocidade. "Somos responsáveis pelo confinamento, miséria e morte de milhares de pessoas, enquanto jantamos discutindo o assunto e culpamos os carcereiros pela barbárie que acontece na ilha."

Talvez Tchekhov tenha aceitado fazer a reportagem sobre Sacalina para escapar de alguma forma da indiferença social que imperava maquiada nos discursos intelectuais. Não queria saber de números, de estatísticas, de ideologias, de retóricas sobre a pobreza e a desumanidade, queria conhecer o lugar, conversar com as pessoas, ver as condições em que viviam. Olhá-las de perto, a ponto de não poder fazer generalizações nem tecer teorias. "Além disso, sem dúvida havia algo em mim que também queria escapar", escreveu em seu caderno de viagem. Era provavelmente o escritor que digladiava com o médico. Tchekhov escrevia entre as consultas e diagnósticos. Muitas vezes, se sentia sufocado pelas obrigações que lhe impunha a medicina. Tentava abrir mais espaço para a ficção, enquanto os seus colegas médicos aconselhavam-no para que esquecesse as distrações literárias. Tchekhov reconhecia que a profissão de médico lhe proporcionava um grande conhecimento da vida e do ser humano, mas, na verdade, a exatidão científica o exauria. Se não fazia sentido para a família, os amigos e os colegas da ciência ver o médico Anton Tchekhov, tuberculoso, embarcar numa longa viagem para uma ilha perigosa e distante, para averiguar de perto as condições de vida dos degredados, em vez de embasar a sua reportagem em livros já escritos sobre o assunto, baseados provavelmente em outros livros, fazia totalmente sentido para o escritor, que ansiava por livrar-se das falsas aparências e poder entrar em contato com a verdade e autenticidade da vida, percorrer milhares de quilômetros a pé e de carro, por estradas em péssimas condições, e bater de porta em porta num recenseamento e pesquisa que o levou a falar com mais de dez mil habitantes. Foi só em Sacalina que Tchekhov realmente fortaleceu a sua vocação literária: "Ali, entre os presos e os colonos, aceitei a literatura como uma possibilidade de libertação, ou a única possibilidade ao meu alcance de expressão das contradições da vida."

Contradições que o colocaram frente a frente com as pessoas, encontro que o levou a aprofundar a sua visão dos personagens e da própria narrativa. "Um mínimo de enredo e o máximo de emoção", se tornou o seu caminho na escrita ficcional. Às histórias repletas de fatos e desfechos inesperados, que predominavam no gênero conto, ele preferiu criar atmosferas, abordando situações e conflitos que se abriam e que não necessariamente se encerravam no final do relato. É o que se denominou posteriormente de conto moderno, tendo Tchecov como precursor. Mas para o escritor russo isso significava muito mais do que a renovação de um gênero, era um modo de viver e estar do mundo. De aproximar-se o mais perto possível dele, a ponto de captar no riso suspenso ou na respiração ofegante toda a história de um ser humano. O que interessava não era o que acontecia entre duas pessoas quando pulavam de um penhasco, ou investigavam um crime, ou fugiam no escuro da noite, ou se apaixonavam à primeira vista, mas quando seus olhos se cruzavam desprevenidos no meio de uma frase, quando um pensamento sobre o passado ou o futuro redirecionava um destino. São fatias de vida, pequenos instantes do cotidiano, estados de espírito que contêm em si, latente, toda uma existência.

A máscara da ficção

Em 1946, dez anos depois de ter sido preso por longos meses sob a acusação de pertencer ao Partido Comunista, Graciliano Ramos decidiu escrever sobre a sua experiência como prisioneiro. "Resolvo-me a contar, depois de muita hesitação", ele disse, sabendo que não seria tarefa fácil. "Quem dormiu no chão deve lembrar-se disto, impor-se disciplina, sentar-se em cadeiras duras, escrever em tábuas estreitas. Escreverá talvez asperezas, mas é delas que a vida é feita: inútil negá-las, contorná-las, envolvê-las em gaze."

Na ocasião em que foi preso, Graciliano não era comunista, só entrou para o PCB em 1945, nove anos após ter sido libertado. O seu envolvimento político fora interpretado de modo exagerado por parte das autoridades do governo Vargas após o pânico insuflado com a chamada Intentona Comunista, de 1935. No entanto, a acusação formal nunca chegou a ser feita. A suspeita foi o suficiente para levar o escritor à cadeia. Nunca houve acusação, nem julgamento.

Quando decidiu enfim escrever sobre esse período de confinamento, Graciliano tinha apenas as lembranças herdadas da época e inevitavelmente esvaecidas pelo tempo, apesar de ter feito diversas notas enquanto esteve preso. Todas destruídas pelos carcereiros nas inúmeras transferências feitas de uma prisão a outra. O escritor foi libertado com as mãos vazias. A distância de uma década teve que ser preenchida com o duplo esforço da memória e da reconstituição. Graciliano não queria fazer ficção de si mesmo. Queria o testemunho, entrando assim numa fronteira sinuosa e muitas vezes ambígua. Evoca-se o acontecimento tal como ele se deu, na medida do possível. Medida que envolve perspectivas pessoais, possibilidades criadas pelo que há de mais subjetivo. "Escrevo com lentidão", registrou em uma de suas últimas páginas escritas, provavelmente no esforço de concretizar em relato as suas lembranças, "e provavelmente isto será publicação póstuma como convém a um livro de memórias." E assim foi, como se o tempo tivesse obedecido ao escritor.

Memórias do cárcere foi publicado após a morte de Graciliano, se tornando a expressão máxima da relação da sua escrita com a experiência vivida. "Nunca pude sair de mim mesmo, só posso escrever o que sou", declarou, uma vez. O crítico literário Antonio Candido, em seu belo livro *Ficção e confissão*, apontou na obra de Graciliano Ramos a crescente necessidade do escritor de abastecer, livro a livro, a imaginação nos arquivos da memória, a ponto de optar por esta em detrimento da ficção. Enquanto os livros confessionais, como *Angústia* e *Infância*, apresentavam recordações por meio de uma roupagem ficcional, *Memórias do cárcere* é a narrativa nua e crua de um período decisivo na vida de um homem. "Só conseguimos deitar no papel os nossos sentimentos, a nossa vida", Graciliano disse em carta à irmã Marili Ramos, que ensaiava os primeiros passos como escritora. "Arte é sangue, é carne. Além disso não há nada. As nossas personagens são pedaços de nós mesmos, só podemos expor o que somos."

Conhecido como uma pessoa reclusa e arredia, foi curiosamente ao centralizar-se como sujeito da narrativa e ao retirar a máscara da ficção que o escritor Graciliano mais se aproximou do outro. Se em casa costumava ser pouco afeito a visitas e à convivência social, na prisão o escritor conviveu intensamente com os outros presos, que, como ele, estavam ali por questões políticas. Todos haviam se tornado criminosos aos olhos do governo Vargas. Graciliano testemunhou torturas, abusos, roubos. Em sua narrativa, descreve as terríveis condições a que eram expostos, a imundície, a fome e o constante cheiro de carne apodrecida. "Enfim todos nos animalizávamos depressa. O rumor dos ventres à noite, a horrível imundície, as cenas ignóbeis na latrina já não nos faziam mossa. Rixas de quando em quando, sem motivo aparente; soldados ébrios a desmandar-se em coações e injúrias. Essas coisas a princípio me abalavam; tornaram-se depois quase naturais. E via-me agora embrulhado num pugilato." (*Memórias do cárcere*) Descrição que, ao assumir o tom testemunhal, afirma a realidade narrada repetidamente. Nas mãos de um escritor com as habilidades narrativas de Graciliano, a força da experiência adquire impressionante densidade literária.

Antonio Candido observou que no âmago da arte de Graciliano Ramos há um desejo intenso de testemunhar sobre o homem, e que a sua escrita é projeção desse impulso fundamental, constituindo a unidade profunda dos seus livros. "Faltava-me examinar aqueles homens, buscar as barreiras que me separavam deles, vencer esse nojo exagerado, sondar-lhes o íntimo, achar lá dentro coisa superior às combinações frias da inteligência. Provisoriamente segurava-me a estas. Por que desprezá-los ou condená-los? Existem — e é o suficiente [...] Quando muito chegamos a divisá-los através de obras de arte. É pouco: seria bom vê-los de perto sem máscaras." (*Memórias do cárcere*) Ao despir-se da ficção, Graciliano se despede também dos personagens, para buscar as pessoas, a matéria-prima de sua obra. O ser humano em confronto com o mundo, degradado por ele, em denúncia expressa pela literatura. É nesse sentido que visava à possibilidade de uma prática política do texto artístico, e, por isso, a memória se torna fundamental como operadora da diferença de sua escrita. É a memória que torna presente a experiência passada, é nela que se refugiam a luta e a renovação da força expressiva da palavra.

Realidade imaginada

"O que é a realidade?", a voz agoniada do meu amigo exclamava pelo telefone, às seis da manhã de um domingo, horário que eu considerava impróprio para qualquer coisa, até mesmo para a agonia. Escutei a sua pergunta com a audição dos sonhos, incapaz de decifrar se a sua voz vinha do lado de dentro ou de fora dos meus ouvidos. Mais incapaz ainda de respondê-la, se houvesse uma resposta, porque quando se está dormindo tudo que é real parece sonho, e tudo que é sonho, o mais real. Ao contrário de mim, meu amigo não havia pregado o olho a noite inteira. A insônia o atacou nas últimas horas do sábado, no exato instante em que ele deixou o computador, de onde saiu exausto, e encontrou a cama macia, que, ao contrário do que ele esperava, não o recebeu nada bem.

Além de insone, o meu amigo é escritor. E, como todo bom escritor, a causa da sua insônia só podia ser uma. Depois de passar o dia inteiro escrevendo, tudo o que ele havia feito com esforço lhe pareceu, ao se deitar, a maior porcaria do mundo grudada em suas retinas. Tinha se sentado na manhã de sábado diante do PC com a determinação de escrever sobre as nossas mazelas. A desumanização da sociedade refletida na violência urbana, no cotidiano sem gentilezas, na naturalização da falta de ética, os temas mais urgentes de nossos dias. No entanto, quando os seus dedos começaram a bater com fúria no teclado, as letras formaram palavras, que formaram frases, que narraram aventuras em mundos distantes, relações entre criaturas bizarras, enredos mirabolantes, de um encanto e graça que, para ele, nada tinham de reais.

"O que é a realidade?", o meu amigo insistia, "é aquilo que nos acontece?", se revirava na própria agonia, "mas como? Se também nos acontece o sonho, e sentimos alívio quando alguém nos acorda e diz, foi só um sonho, já passou?" O meu amigo queria escrever sobre o que não passava. Para ele, as grandes questões sociais e humanas. A realidade da vida.

Ao contrário do que ele provavelmente desejava, desviei da palavra realidade, que já doía em meus ouvidos, dos grandes temas, que sempre me assustaram, e embiquei para outro assunto, o menor e mais simples possível. "Não discuta com os seus dedos", disse, "é pura perda de tempo." E, diante da perplexidade do meu amigo, expliquei:

Em 1952, certo escritor nascido em Cuba, que se mudou para a Itália ainda menino, publicou um livro que marcaria para sempre o seu caminho na literatura. Antes deste livro, já havia escrito outros. Romances com influência neorrealista, temas e enredos voltados para a realidade social em que vivia. Este escritor era membro do Partido Comunista e colaborador do jornal do partido. Ele julgava que devia escrever sobre a dura realidade da época, mas sofria por não conseguir atingir a expressividade desejada. Por mais que escrevesse, nada parecia o suficiente diante do que diariamente a própria vida lhe mostrava. Além disso, os seus dedos doíam quando começava a escrever, como se quisessem ir para outro caminho.

As articulações latejavam, em protesto contínuo. Era preciso um esforço sobre-humano para submeter as falanges às ordens de seu pensamento.

Um dia, exausto da própria insistência, Italo Calvino permitiu que os dedos seguissem o seu próprio rumo e escolhessem as teclas a serem batidas. As teclas formaram palavras que formaram frases diferentes daquelas a que estava acostumado, e as frases seguidas umas das outras criaram um universo tão único, que ele não pôde nomear o livro de *A revolta*, *Injustiças* ou *Anos sangrentos*, como queria o idealista partidário, mas de *O visconde partido ao meio*, como queria o escritor.

A história de um homem que, atingido por uma bala de canhão, se divide em duas partes, uma boa, outra má, sendo as duas insuportáveis, teve uma receptividade inesperada, principalmente para o autor. O fato lhe serviu como o farol na noite mais escura. Naquele universo fabulesco, havia obtido uma consistência não alcançada nos romances anteriores. Descobrira que a fábula seria o seu modo de tocar a realidade.

"Os meus dedos também doem!", o meu amigo arquejava. Estava exultante. É sempre um conforto encontrar nos escritores que admiramos uma sombra de nossas angústias. Interpretei o silêncio que pesou em seguida do outro lado da linha com uma imagem: o meu amigo, as mãos espalmadas, olhando, hipnotizado, os seus dez dedos. As pontas de cada um como pequenas montanhas de mistérios. Até aquele momento, lutara bravamente contra eles, e, apesar de ter sido vencido muitas vezes, nunca havia se rendido. Agora, olhava-os de forma diferente. Talvez, naquela manhã de domingo, meu amigo se curasse da insônia e da agonia. Talvez, ao voltar para o computador, não perguntasse mais o que é a realidade, mas qual é a *minha* realidade. E começasse a partir das palavras para o mundo, e não ao contrário. A diferença entre uma coisa e outra Calvino logo percebeu após *O visconde partido ao meio*: a segunda registra e comprova, a primeira imagina. Ao deixar-se levar pelas possibilidades imaginárias, fez mais do que escrever histórias comoventes e encantadoras: fez da sua literatura um universo particular. O lugar da imaginação. Tão real quanto qualquer outro.

"É verdade", meu amigo murmurou antes de nos despedirmos, "se a realidade é aquilo que nos acontece, quantos livros nesta vida me aconteceram!" Quando desliguei o telefone, lembrei do escritor argentino Jorge Luis Borges, a quem Calvino considerava seu mestre. Borges tinha como protagonistas espelhos e labirintos, jardins e livros, o tempo e o espaço. Ler a sua obra, assim como a de Calvino, é presenciar frase a frase a ruptura com o naturalismo e a redefinição do real em termos literários. Quase liguei de volta para o meu amigo, com uma frase borgiana exemplar para a sua agonia. Mas, àquela hora, se ele estava curado da insônia, já deveria estar dormindo, ou sonhando. Decidi ligar depois, às seis da tarde, em um cíclico retorno do seu telefonema às seis da manhã. Não me estenderia, apenas diria a frase que certamente vai ressoar o dia inteiro em meus ouvidos: "Em literatura, a realidade é o imaginado."

Reflexos de Pessoa

"Escrevo sorrindo com as palavras, mas o meu coração está como se pudesse partir, partir como as coisas que se quebram, em fragmentos, em cacos, em lixo", escreveu Bernardo Soares, um dos heterônimos mais enigmáticos de Fernando Pessoa. Enigmático porque incompleto, feito de reminiscências, pulsações. "É um semi-heterônimo", disse o próprio poeta numa carta, "porque, não sendo a personalidade a minha, é uma simples mutilação dela." Mutilar, cortar; a parte que pulsa, lateja, quer e rejeita o todo. Um misterioso reflexo, que inevitavelmente traça paralelos com o escritor. O ajudante de guarda-livros da cidade de Lisboa era solteiro como Fernando Pessoa, e também como ele vivia sozinho num quarto alugado, próximo ao escritório onde trabalhava. "O paradoxo não é meu; sou eu", disse o poeta, repartindo-se e fundindo-se no caráter múltiplo e controverso de sua obra. "Se alguma vez sou coerente, é apenas como incoerência saída da incoerência." E a respeito dos heterônimos: "A origem mental dos meus heterônimos está na minha tendência orgânica e constante para a despersonalização e para a simulação." Repartindo-se em outros, Pessoa aproxima-se e distancia-se de si mesmo.

Ao transitar da poesia para a prosa, o escritor português impõe para si um desafio labiríntico. Na linguagem poética, é menor o esforço em transformar-se em outro, pelo contrário, a máscara dos heterônimos é vestida com certa facilidade. Ainda que contenha em Alberto Caeiro, Ricardo Reis e Álvaro de Campos traços do Pessoa, os três possuem personalidades definidas e marcantes, independentes de seu criador. Na prosa, porém, Pessoa esbarra em si mesmo. A linguagem discursiva o aprisiona e o revela mais do que gostaria. Tanto no autor como em seu semi-heterônimo, há uma profunda inadaptação à realidade da vida. Sentimento sempre presente nas cartas de Pessoa: "Pus no Caeiro todo o meu poder de despersonalização dramática, pus em Ricardo Reis toda a minha disciplina mental, vestida da música que lhe é própria, pus em Álvaro de Campos toda a emoção que não dou nem a mim nem à vida", escreveu o poeta ao amigo Adolfo Casais Monteiro. "A simulação é mais fácil, até porque mais espontânea, em verso."

Na prosa de Bernardo Soares, no entanto, a simulação se fez lentamente, num consciente jogo de esconde-esconde. O *Livro do desassossego* era assinado inicialmente pelo próprio Fernando Pessoa. Na maioria, os textos eram fragmentos de teor ensaístico. Quando vieram os fragmentos do diário, porém, Pessoa saiu de cena para dar lugar ao seu semi-heterônimo. Percebeu que o projeto de um livro com anotações metafísicas e estéticas escapava de suas mãos. Reflexões existenciais começaram a vir à tona, dando ao livro outro formato, exigindo do escritor uma entrega para a qual ele não se mostrava muito disposto. "Aquela produção doentia", diz numa carta a Cortes-Rodrigues, "vai complexa e tortuosamente avançando." Como se o livro tomasse rumo próprio, Pessoa adia sempre a tarefa de organizá-lo, deixando para depois o que acaba nunca se realizando. Em seus manuscritos, anotações ao lado dos textos, pontos de interrogação e dúvidas permeiam todas as páginas. Levantando questões nunca respondidas, Pessoa continuou a acrescentar fragmentos de textos ao livro, com a intenção de um dia rever cada parte e organizar o todo. A tarefa não cumprida terminou por dar forma a um livro amorfo, e fazê-lo único em sua multiplicidade. O *Livro do desassossego* é um livro de mil faces, inacabado, incompleto, uma "autobiografia sem fatos", segundo o próprio Bernardo Soares. Romance, antirromance, diário íntimo, antilivro, livro em ruínas, livro-desespero, livro-sonho são termos com que a crítica posterior à morte de Fernando Pessoa, e o descobrimento do *Livro do desassossego* em seu baú literário, buscou conceituar a obra inconceituável, cujas amarras nem o próprio autor pôde dar.

Pessoa, no entanto, ao mesmo tempo em que tencionava dar ordem ao caos do *Livro do desassossego*, percebia em sua falta de coesão e unidade uma correspondência íntima com a sua personalidade, definida por ele próprio como esquizofrênica. A "minha tendência orgânica e constante para a despersonalização e para a simulação", vale refrisar o que disse em carta a Adolfo Casais Monteiro. Despersonalização que o fazia repartir-se, simulação que o forçava a encontrar-se. "Finge sem fingimento", versou Ricardo Reis, "nada esperes que em ti já não existe", escreveu o heterônimo neoclássico de Pessoa, "fingir é conhecer-se". Estaria, então, na falta de unidade e no caráter fragmentado e repartido do *Livro*, a sua própria essência e natureza? "Felizes os que sofrem com unidade!", escreveu Soares. "Aqueles a quem a angústia altera mas não divide, que creem, ainda que na descrença, e podem sentar-se ao sol sem pensamento reservado."

O processo criativo envolveu Pessoa a ponto de colocá-lo em xeque consigo mesmo. Se, na construção dos outros heterônimos, agia com uma precisão arqueológica, dando-lhes não só personalidade, mas passado, presente e futuro, como também preferências estéticas e estilo estilístico, com Bernardo Soares foi impossível agir do mesmo modo. Cai por terra a visão mítica deixada pelos outros heterônimos, tão sólidos e firmes em suas existências. É justamente a existência em desacordo e imprecisão, a não existência, que encontramos em Bernardo Soares. E é justamente na desconexão estrutural do *Livro do desassossego* que reside a sua potência criativa. Não é por ser também solitário, solteiro, redator e tradutor em um escritório comercial, triste e irônico como Fernando Pessoa, que Bernardo Soares lhe tira a máscara e lhe exige um esforço maior para construí-la, mas por ter se mostrado, da personalidade à escrita, em forma e conteúdo, inconstante e fluido, mutante e "despersonalizado" como o próprio poeta. Foi Pessoa que escreveu, mas poderia ter sido Bernardo Soares: "Eu sou a sensação minha. Portanto, nem da minha própria existência estou certo."

O escritor português Jorge de Sena não conheceu pessoalmente Fernando Pessoa, mas, anos depois de sua morte, lhe escreveu uma belíssima carta. "Se me não engano, é esta a segunda carta que V. recebe depois de morto." Sena não lamenta totalmente o desencontro dos dois em vida. "Apenas a curiosidade ficaria satisfeita; e, em contrapartida, jamais o Álvaro de Campos ou o Alberto Caeiro se revestiriam, a meus olhos, daquelas pungentes personalidades que lhes permitiu, e aos outros, o seu espírito sem realidade nenhuma. Porque esta é a verdade, meu Amigo: toda a sua tendência para a 'despersonalização', para a criação de poetas e escritores 'heterónimos' e não pseudónimos, significa uma desesperada defesa contra o vácuo que V. sentia em si próprio e à sua volta." Sena compreendeu que havia em Pessoa não apenas a multiplicidade de entidades expressa em 'seres fictícios', mas também a própria ficção do 'eu'; o Fernando Pessoa, que não era outro além dele mesmo, e não podia deixar de ser ele também em todos os outros. Como disse Sena: "E você, quando escreveu em seu próprio nome, não foi menos heterónimo do que qualquer um deles."

A *palavra visionária de Artaud*

*Eu relanço para o Deus que me fez
Essa alma como um incêndio
Que o cure de criar*
Antonin Artaud

Um homem sobe em um pequeno estrado, para apresentar uma conferência. "O teatro e a peste", ele diz, mergulhando em seguida em profundo silêncio. A plateia aguarda as próximas palavras, que demoram. "Quero lembrá-los", fala, enfim, "de que os dias de peste trouxeram à luz um grande número de maravilhosas obras de arte, peças de teatro e livros fantásticos." Há outra pausa profunda, quebrada com um tom de voz soturno e intenso. Imóvel sobre o estrado, o homem afirma que o ser humano, chicoteado pelo medo e pela morte, procura a imortalidade, a evasão, tenta ultrapassar-se. "É difícil quando tudo nos leva a dormir, a fechar os olhos sem saber mais para que servem", o homem diz, "a peste nos tira do sonho e pesadelo em que vivemos, ela nos acorda."

E, sem nenhum aviso ou transição, os olhos do homem se dilatam, os músculos enrijecem, os dedos tremem, as pernas entortam, o corpo perde o eixo e luta por equilíbrio. A plateia observa, estática. A primeira reação é de imensa perplexidade. Cada um, em sua mente, tenta recuperar o momento em que o homem se calou e começou a se contorcer. Ninguém consegue, no entanto, resgatar esse instante em que a intensidade soturna da voz passou para o corpo.

Na plateia, a escritora Anaïs Nin assistia ao estranho acontecimento, entre curiosa e temerosa. Ela é amiga do homem que se contorce no palco. O ator, dramaturgo, teórico, poeta, mas, sobretudo, artista, Antonin Artaud. Anaïs conhecia o amigo o suficiente para entender que ele abandonara o fluxo do discurso para seguir o da experiência. De repente, Artaud não falava mais sobre a peste, era a própria, ao interpretar um homem morrendo da doença. A plateia, de estática, passou ao riso, aos assovios, às gargalhadas, aos impropérios, e, finalmente, às vaias. Mesmo assim, Artaud continuou com a sua convulsão e delírio, até o último suspiro. As pessoas foram saindo, uma a uma, entre incompreensões e protestos, até que o auditório ficou vazio. Quando o homem no palco morreu, apenas Anaïs Nin restava na plateia. A escritora esperou compassiva que Artaud compreendesse, mesmo de olhos fechados, o inevitável: o enorme silêncio ao seu redor não era o de uma audiência atenta, mas o de cadeiras vazias.

Artaud logo compreendeu, e se levantou indignado. Anaïs Nin viu um homem arrasado, ferido, convidá-la para uma bebida num café próximo. Lá, entre conhaques e cigarros, ele espumava: "Só querem ouvir falar *de*, querem uma conferência objetiva sobre o teatro e a peste, ao passo que eu quero oferecer-lhes a própria experiência, a própria peste, para ficarem aterrorizados e acordarem. Não compreendem que estão mortos. A sua morte é total, como uma surdez, uma cegueira." Anaïs compreendia profundamente a angústia do seu amigo, que falava do teatro, da poesia, sempre voltado para a palavra, o seu alvo principal de ataque e revolta. Artaud queria tirá-la de sua supremacia intelectual, dar-lhe expressividade primária, orgânica. "Por vezes sinto que não escrevo", Artaud desabafou, "que apenas descrevo os esforços de escrever, os esforços de criar." Por isso havia escolhido não falar sobre a peste a partir de um texto. Sabia que correria o risco de tirar a sua vitalidade e torná-la apenas uma ideia, inserida em um discurso construído de forma racional. "Por isso a peste como você a viu", disse à amiga Anaïs Nin.

Naquela noite, a escritora francesa não dormiu. Chegou à manhã escrevendo em seu diário as visões de Artaud sobre a palavra no teatro, que, ela sabia, poderiam muito bem ser transportadas para a literatura. "A palavra, como é usada hoje, só serve para expressar conflitos psicológicos do homem e da sua situação na atualidade cotidiana da vida. Seus conflitos são claramente regidos pela linguagem articulada. [...] o corpo verbal desarticulado, invertebrado, livre de conexões lógicas e consensuais, pode ir a qualquer lugar, ou a lugar nenhum, desprendido que está no espaço orgânico da linguagem." Nesse sentido, era necessário e urgente, para Artaud, acabar com o conceito de arte como imitação da vida. "Quero a arte agindo não apenas como reflexo, mas como uma força", ele disse, no café, antes de se despedirem. "Uma força vital, própria, latejante de expressividade, que não se espelhe em nada, que, pelo contrário, revele a si mesma." A palavra, então, como força ativa, que parte da destruição das aparências para chegar até o espírito, Anaïs pôs em seu diário. No dia seguinte, enviou uma carta a Artaud, dizendo que a palavra, ou a linguagem literária, poderia com esforços destruir as aparências, abandonar o discurso lógico e a tentativa de retratar e descrever a vida, tornando-se uma força ativa, como ele havia dito. Mas alcançar plenamente o espírito, dizer a alma do ser humano, talvez fosse impossível. "Talvez o que queremos urgentemente representar ou revelar, através da criação", ela escreveu, "seja irrepresentável, irrevelável. Talvez não haja, simplesmente, uma linguagem possível de alcançar a verdadeira essência das coisas."

Naquela mesma semana, Artaud respondeu à amiga: "Todo verdadeiro sentimento é intraduzível", aceitando que a impossibilidade era inerente à criação, que havia realmente um limite expressivo em toda a linguagem. "A expressão verdadeira oculta aquilo que manifesta", ele continuou. "Todo sentimento poderoso provoca em nós a ideia do vazio. E a linguagem clara e lógica que impede esse vazio impede também que a expressão poética apareça no pensamento." Anaïs logo entendeu a mudança no raciocínio: Artaud incorporava a característica da impossibilidade ao ato criativo. Tornando a própria impossibilidade uma fonte criativa. "É por isso que uma imagem, uma alegoria, uma figura que mascare o que gostaria de revelar tem mais significado para o espírito do que as clarezas proporcionadas pelas análises das palavras", ela leu. E, mesmo depois de ter relido inúmeras vezes, nunca se separou daquela carta. Para Anaïs, Artaud não havia escrito apenas uma resposta, mas uma belíssima poesia. "A verdadeira beleza nunca nos atinge diretamente. E é assim que um pôr do sol é belo, por tudo aquilo que nos faz perder."

A pequena chama de Mansfield

"Mas eu lhe digo, meu tolo senhor, dessa urtiga,
o perigo, colhemos esta flor, a salvação."
(Trecho de *Henrique IV*, Shakespeare,
que Katherine Mansfield fez de epígrafe em *Bliss*,
e, posteriormente, seu epitáfio.)

Em seu sonho, ela voltava à Nova Zelândia, sua terra natal, com a respiração leve e perfeita de sua infância, e assistia ao delicado espetáculo do sol derretendo a neve. Ao acordar, escreveu detalhadamente o que havia sonhado em seu diário, cada pequeno acontecimento, o seu olhar de menina sobre as montanhas de gelo, partículas brancas tornando-se líquidas nas palmas quentes das mãos. Enquanto escrevia, tentava ignorar a tosse contínua, a opressão no peito e as fagulhas nos pulmões, que ardiam lancinantes como se pegassem fogo.

"Tuberculose", o médico havia dito em 1917 e desde então haviam se passado quatro anos. "Tuberculose", o seu corpo lhe dizia todas as manhãs, quando despertava com a esperança de a doença ser apenas um pesadelo. "Tuberculose", repetia, quando teimava com a fraqueza das pernas e exigia a vitalidade impossível dos seus 33 anos. Mas era inútil discutir com o corpo, ela já havia aprendido, ele é a prova única de nossa realidade. Por isso precisava se levantar, mesmo que dolorosamente, e sentar-se na dura cadeira de madeira, diante da mesa em que trabalhava, coberta com uma toalha florida para que houvesse sempre a lembrança de flores e jardins apesar do inverno mais frio, e por isso colocava ao alcance das mãos um bule de chá sempre quente, para que nunca morresse a esperança de que poderia se aquecer, e também por isso, enfim, havia sempre uma pilha de papel ao cair dos olhos e uma caneta próxima dos dedos. "Sem uma caneta, me sinto tão afastada do mundo", escrevera uma vez em seu diário em 1918. Naquela manhã, desejou que não fosse o seu corpo a prova única de sua realidade, mas aquele mundo que se materializava através dos seus dedos.

Depois do diário, voltou-se para o conto que vinha escrevendo incessantemente nas últimas semanas. Escrevia-o desde as primeiras horas da manhã até o fim da noite, exigindo de seu corpo uma compensação, de sua doença, uma trégua. Sabia que não havia tempo a perder. Se as palavras eram canções em sua cabeça, sempre lidas e escritas em voz alta, o tempo era uma música que se esgotava entre os seus dedos. Ela temia cada vez mais o silêncio. Escrevia ininterruptamente com medo de encontrar o vazio ao pousar a caneta.

As filhas do falecido coronel, texto de Katherine Mansfield considerado uma obra-prima do conto moderno, foi escrito em circunstâncias difíceis. Muito debilitada pela doença que a assombrava havia quatro anos, a escritora sentia que a morte poderia chegar antes de terminar a história das duas irmãs solteironas que perdiam a perspectiva de suas vidas com a morte do pai. Duas irmãs de idade avançada, que se relacionavam uma com a outra e com o mundo como duas mocinhas, despreparadas para tudo e para cada coisa, do supérfluo ao essencial.

"Estar viva e ser escritora é o bastante", Katherine escrevera uma vez em seu diário, em 1917. Mas, naquela manhã, sabia que estava longe do que lhe bastava. "Ao menos, a escrita", pensava debruçada sobre Josephine e Constantia, suas personagens. "Ao menos, isso", escrevia, afugentando a morte com as palavras, comprovando a cada nova página que continuava viva. Escrevia furiosamente, para que o corpo não desistisse no meio do caminho. "Escrevo o mais rápido que posso, com medo de morrer antes de terminar", pôs em seu diário. Durante semanas, entregou-se ao trabalho, aguçando ainda mais a sua literatura, afinando-a com a sua visão de mundo. Enquanto a morte, o imenso monstro, se aproximava, Katherine se voltava para o que havia de menor. "São as fagulhas contidas no cotidiano que me interessam", disse por carta a uma amiga, "quando o relâmpago de toda uma existência rompe repentinamente a esfera do trivial."

Em *As filhas do falecido coronel*, Josephine e Constantia receberam, quando o pai ainda estava vivo, meio surdo e martelando constantemente com a bengala no chão, a visita rara do sobrinho Cyril, que morava longe. Ao levarem o rapaz para falar com o avô, queriam que ele lhe contasse algo que havia dito antes casualmente: que o seu pai ainda gostava de merengues. Com o velho surdo, a repetição incessante da frase "papai ainda gosta de merengues" em voz cada vez mais alta causou verdadeiro mal-estar em Cyril, apesar do deleite insistente das tias de verem o avô e o neto juntos. Quando finalmente a mensagem foi entendida, o velho coronel não titubeou, "que coisa extraordinária vir de tão longe para me dizer isso!".

A escrita de Katherine Mansfield era capaz de virar do avesso pequenos acontecimentos, numa simplicidade enganosa. Ela preferia sempre explorar instantes da existência, em vez de tramas romanescas. Como a passagem dos merengues, que foi escrita tarde da noite. Exausta de um dia inteiro de trabalho, Katherine se arrumou para dormir, incapaz de dar mais um passo. No corredor a caminho do quarto, porém, vislumbrou Josephine, Constantia e o pobre sobrinho diante do velho coronel. As bengaladas no chão, a patética repetição "papai ainda gosta de merengues" a fizeram parar e rir sozinha em sua casa no silêncio escuro da noite. Sabia que não poderia dormir sem pôr aquela visão no papel, mas o seu corpo não tinha mais posição para sentar-se na dura cadeira, e nem aguentaria voltar para o escritório. O cansaço e a dor nos pulmões faziam de mínimas distâncias quilômetros. Ainda rindo, teve que parar ali mesmo no corredor, sentar-se na escada e deixar a sua mente conjecturar toda a cena, até sabê-la de cor. Depois, deitada em sua cama, escreveu toda a passagem com uma satisfação imensa.

"Mas a indizível emoção dessa atividade artística — com que se pode compará-la? E o que mais se pode desejar?", escreveu na manhã seguinte em seu diário. "Para mim, não é só o caso de deixar a lareira acesa. É mais. É baixar a chama até que ela fique pequena, mas sem perder o fulgor."

Palavras do Sol

"E o que foi a vida? Uma aventura obscena de tão lúcida."
Hilda Hilst

"Eu fiz tudo o que pude fazer", disse Hilda Hilst em entrevista à *Folha de S. Paulo*, em 1999. A escritora estava com 69 anos. Autora de quarenta livros, não hesitou em afirmar à jornalista: "Não escrevo mais." A decisão não vinha do desinteresse pela escrita, nem por algum ressentimento de ter tido uma carreira literária brilhantemente criativa e, na mesma proporção, solitária e obscura, mas de uma contestação: "Já disse o que tinha a dizer, e da melhor forma que pude."

Foi justamente a forma, ou a linguagem, a grande companheira de Hilda em sua vida literária. Ao se mudar para a Casa do Sol, aos 35 anos, com o então marido Dante Casarini, Hilda deixou uma vida social intensa para se dedicar exclusivamente à literatura. Opção que manteve até o fim de sua vida, aos 73 anos. Opção que a tornou uma escritora de inspiração inquieta e transgressora, ou foi antes a sua inquietude e transgressão que a fez optar radicalmente pela literatura. Amante da física e da filosofia, reconhecia em escritores como Joyce e Kafka a dimensão einsteiniana do espaço e do tempo. "Por isso, não acredito mais no texto linear", ela disse uma vez, "em romances com começo, meio e fim." Realmente, quem for corajoso o bastante para ler Hilda Hilst, irá se deparar com um narrador essencialmente lírico, cuja voz anuncia pensamentos, reflexões, sentimentos e atos, mas que nunca exercerá, como faz o narrador mais prosaico, o papel de organizador dessas anunciações. "Nunca é assim na própria vida", ela considerava, destruindo conscientemente toda e qualquer hierarquia em sua escrita. "Minha linguagem é inovadora sim, e essencialmente poética. Não obedece a convenções gramaticais, tem outro ritmo porque não pensamos nem sentimos de forma simplesinha, organizada ou linear", afirmou, em uma de suas últimas entrevistas.

"Cheguei aqui nuns outubros de um ano que não sei, não estava velha e não estou", fala a narradora de *Matamouros*, novela pertencente ao livro *Tu não te moves de ti*, um dos mais densos e belos da prosa de Hilst, "talvez jamais ficarei porque faz-se há muito tempo nos adentros importante saber e sentimento." E, depois dessas primeiras frases, a narrativa mergulha num ritmo insinuante e ardoroso, sem praticamente mais interrupções de pontos finais e parágrafos a ordenar os assuntos, a separar o que se diz do que se sente, a elucidar o que é memória ou acontecimento. "Amei de maneira escura porque pertenço à Terra, Matamouros me sei desde menina, nome de luta que com prazer carrego e cuja origem longínqua desconheço, Matamouros talvez porque mato-me a mim mesma desde pequenina." E assim, nós, capturados pelo serpentear mágico da palavra de Hilda, conhecemos essa menina que se relaciona com todos e tudo com uma sensualidade e sexualidade exacerbada: "desde sempre tudo toquei, só assim é que conheço o que vejo, tocava os morangos antes do vermelho, tocava-os depois gordo-escorridos, tocava-os com a língua também, mexia tudo muito, tanto, que a mãe chamou um homem para que fizesse rezas sobre mim".

A busca dessa escrita não linear, a ausência de um narrador que organiza os eventos, que dá sequência ao enredo, situa o leitor em um espaço e tempo, apresenta personagens e conflitos, expõe sentimentos justificados e reflexões contextualizadas, desenvolve acontecimentos até o seu clímax e inevitável desfecho, exige tanto do leitor quanto a literatura exige da escritora, Hilda sabia. "Sei que não escrevo do jeito que a grande maioria dos leitores está acostumada a ler", profere, com a consciência de que a ânsia criativa e a proposta criadora que sua arte demandava poderiam ter um preço. "A minha forma é inovadora, mas não incompreensível." Hilda não se surpreendia de provocar no leitor estranhamento, o que a espantava era o rótulo da incompreensão.

Aclamada pela crítica em grande parte de sua carreira, premiada muitas vezes, e até se não o fosse, Hilda tinha consciência do seu trabalho de escritora. Mais tarde, a própria crítica e o meio literário silenciaram a respeito de sua obra. Quando não havia o silêncio, havia a classificação errônea de que era pornográfica, ou complexa, dois adjetivos que a própria Hilda não resistia a dar uma resposta irônica: em toda a sua vida, ela nunca tinha visto duas qualidades como aquelas andarem juntas. No entanto, não era a ausência da crítica, mas a dos leitores, que mais a incomodava. Numa tarde, na Casa do Sol, uma amiga foi visitá-la, e a encontrou chorando em seu escritório. Preocupada, perguntou se havia acontecido alguma coisa de grave. Hilda foi direta em sua resposta: "Eu não sou lida!", disse. E ali estava o maior lamento sobre a sua obra. Não ser lida. Era isso que havia acontecido de grave.

Quando sua obra completa foi enfim relançada pela Editora Globo, em 2002, e começou a crescer o interesse em torno de seu nome, a reação de Hilda foi plácida: "Fico feliz, mas agora isso não tem mais tanta importância." A escritora, com 72 anos, tinha a convicção de que a sua missão literária estava cumprida. "Não escrevo mais", ela havia dito à jornalista, e completara: "Está tudo lá." Lá: em seus romances, contos, poemas, peças, uma obra vasta e surpreendente, que atrai cada vez mais leitores, fascinados pelo seu texto pulsante e desconcertante, pelo intenso fluxo de imagens e sensações que a sua leitura desperta. "O escritor e seus múltiplos vêm nos dizer", ela escreveu, em um dos seus últimos textos. "Tentou na palavra o extremo-tudo." Palavras que eram praticamente um epíteto de sua obra, "Esboçou-se santo, prostituto e corifeu", de sua relação apaixonada com a escrita, "Transgressor metalescente de percursos", de sua entrega absoluta à sua voz criativa, "Colou-se à compaixão, abismos e à sua própria sombra", consciente de todos os riscos, sim, "Poupem-no o desperdício de explicar o ato de brincar", mas, principalmente, de toda a liberdade artística de seguir o próprio caminho: "Sinto-me livre para fracassar."

Saramago, demasiadamente Saramago

Em 1947, aos 24 anos, José Saramago publicou seu primeiro romance, *Terra do pecado*, livro que nunca mais leu. Tempos depois, escreveu *Claraboia*, que permaneceu inédito até 2011, um ano após sua morte, e sobre o qual o escritor português reservava a seguinte opinião: "Quando eu já cá não estiver façam com ele aquilo que quiserem." Ao contrário do que pode parecer, não se trata de desprezo à própria obra, mas de uma visão extremamente nítida a respeito de si mesmo na época em que havia escrito seu segundo livro: "Eu não tinha muito a dizer."

Essa consciência crítica o fez abandonar a ficção por quase vinte anos. Saramago tinha a convicção de que o que escrevera era apenas reflexo e segmentos de suas leituras, não possuía nada realmente seu, que viesse de sua personalidade e pensamento sobre o mundo. E essa qualidade, ou característica, ele diria mais tarde em entrevistas, já devidamente reconhecido e consagrado como escritor, é a essência e raiz principal da literatura contemporânea, ou de toda literatura. "Não há mais histórias para contar. Não tem muita importância a história que se conta. O que tem importância é a pessoa que está dentro do livro, o autor." A afirmação parece pôr o autor no centro do mundo da criação literária, e exalta-lo a ponto de obscurecer sua obra, mas não é sobre vaidade que falava Saramago, e tampouco sobre uma literatura ideológica, ou engajada, criada para passar uma determinada mensagem, estipulada pelo autor. Saramago se referia ao ser humano atrás do livro, que também estava, inevitavelmente, dentro dele, com as suas experiências, sua formação, sua perspectiva e visão de mundo. Nesse sentido, apenas essa pessoa, o escritor, com a sua bagagem existencial, poderia criar com consistência, no caso de um bom livro, ou fragilmente, no caso inverso, a sua história. "O que estou a aproveitar são sedimentos de leituras", concluiu após a escrita dos dois primeiros romances. Aos 20 e poucos anos, o jovem autor percebia de alguma forma que escrever ia além de fazer boas frases e de contar uma história, "não vivi nada, não sei nada", constatou.

Entretanto, os longos anos que separam *Terra do pecado* de *Levantado do chão* não foram passados em lamento ou arrependimento pela distância com a literatura. Distância, aliás, que não existiu. Saramago viveu por dezenove anos rodeado de livros, aprofundando como leitor a sua relação com a ficção. "Vivia sem nenhuma angústia pelo fato de não escrever", disse, uma vez. "E tampouco vivia como se acumulasse experiência para um dia me tornar escritor", esclareceu. Em diversas ocasiões, Saramago frisou que a leitura o satisfazia completamente. Como entrou no mundo dos livros relativamente tarde, consta que o seu primeiro exemplar foi comprado aos 20 anos, sentia-se como um menino a descobrir o mundo. "Começar a ler foi para mim como entrar num bosque pela primeira vez e encontrar-me, de repente, com todas as árvores, todas as flores, todos os pássaros. Quando fazes isso, o que te deslumbra é o conjunto. Não dizes: gosto desta árvore mais que das outras. Não, cada livro em que entrava, tomava-o como algo único."

Neto e filho de camponeses, Saramago teve o seu primeiro contato com a narrativa de forma inteiramente oral. "Minha família era analfabeta", ele revela, "todas as histórias que conheci na minha infância eram contadas, narradas, nunca lidas ou escritas." Mais tarde, Saramago refletiu sobre o seu estilo único, ponderando que ele não deixa de ser o resultado dessa primeira experiência. "Não existe pontuação quando se fala. Falamos em um fluxo modulado por nossos pensamentos e emoções." Em *Levantado do chão*, livro que marcou o seu retorno à literatura, embora já tivesse publicado, em 1966, *Poemas possíveis*, o escritor português encontrou e definiu o seu estilo pessoal e singular de escrever. Passado no universo rural de Portugal, no século XIX, Saramago se deparou, no processo da escrita, com suas próprias lembranças. "Era um mundo no qual a cultura de contar histórias predominava, e eram passadas de geração em geração, sem que se usasse a palavra escrita." *Levantado do chão* mostra a luta do povo contra a opressão dos latifundiários e das autoridades oficiais e clericais, deixando ecoar a posição política do escritor. Saramago sempre foi declaradamente comunista. Um "comunista hormonal", afirmava constantemente. No entanto, além da política, os amigos e pessoas mais próximas, incluindo a sua mulher, Pilar del Río, afirmam que na essência das posições ideológicas do escritor está o ser humano. "Tudo que é humano o interessa", disse Pilar. "Saramago não quer estar distante, mas sempre o mais próximo possível de todas as questões referentes à humanidade."

Saramago menino não se perdia em fantasias, não criava para si um universo imaginário que o distanciava da realidade, como fazem tantas crianças, e como vemos nas memórias de muitos escritores. Pelo contrário, era o mais real que o interessava. "Apenas via as coisas do mundo e gostava de vê-las." Se via um sapo, ele declarou, parava para observá-lo como o maior tesouro do mundo. "O sapo, para mim, valia mais do que uma história", disse. Esse olhar sempre voltado para fora, sempre em busca de relação e comunicação com o seu tempo e a sua realidade, não significa extroversão, mas, pelo contrário, uma introspectiva necessidade de conhecimento e intimidade com o mundo tal qual ele se apresenta, assim como com seus habitantes, o ser humano. Essa busca está presente no rapaz que, após escrever o seu primeiro livro, percebeu com desalento que ainda não havia nele nada de seu. E o que faltava não era nada referente à sua biografia, aos relatos de acontecimentos e experiências de sua vida, ou a uma possível invenção de enredos e personagens, mas a uma singular construção de universos e significados criada a partir disso tudo. Trabalho de moldar consistências que, Saramago percebeu, cabe unicamente ao autor. Trabalho que envolve também desenvolver a própria personalidade, conhecer-se profundamente. Mais do que escrever boas frases e contar uma história, construir universos significativos, oferecer ao mundo outra visão dele mesmo.

Palavras na brisa noturna

No livro *As boas mulheres da China*, da escritora e jornalista chinesa Xinram, há, entre tantas histórias impressionantes, uma que começa antes do livro, que atravessa as páginas e se inicia em uma rua londrina deserta e escura, com a própria autora. É uma história dentro da história: Xinram mora em Londres desde 1997, quando saiu da China por uma missão de sobrevivência literária. Em seu país natal, seria impossível publicar o livro que desejava escrever baseado em relatos de mulheres chinesas vítimas de abusos, repressões e violências diversas. Aliás, não era somente impossível publicar aquelas histórias, como também falar sobre elas. Xinram fora proibida pelo governo de comentá-las em seu controverso programa de rádio em Pequim, *Palavras na brisa noturna*. O programa era um sussurro em meio à pesada escuridão que cobria e escondia a vida de tantas mulheres chinesas. Em uma China que iniciava a abertura ao Ocidente, as tragédias permaneciam silenciadas.

Há quem diga que, para um escritor, ter uma história para contar e ser, de alguma forma, impossibilitado disso, equivale à sentença de morte. E Xinram não tinha apenas uma, mas muitas histórias. Londres surgiu então como esperança e resistência. Lá, encontrou editora para *As boas mulheres da China*, mas antes de a jornalista chinesa assinar o contrato e entregar o original, voltamos ao início dessa história, ou à história dentro da história: Xinram saiu uma noite de uma aula, e entrou numa rua londrina deserta e escura.

Como faz a maioria das pessoas ao se depararem com o silêncio e a solidão à espreita, ela apressou o passo. Quando se aproximou da esquina, que dava para uma rua mais movimentada, voltou a andar mais tranquilamente, certa de que o perigo terminara. Por um instante, chegou a pensar na sua infância na China, onde seus pais foram presos durante a Revolução Cultural. Afastada da família, ela e o irmão passaram a viver em um quartel da Guarda Vermelha. Lembrou das noites em que ouvia outras crianças serem espancadas no quarto ao lado, enquanto o seu corpo tremia de pavor e frio, certo de que em breve seria a sua vez. Ao chegar à rua movimentada de Londres, pensou nas várias faces que tem o medo. A que a aterrorizava quando menina, a que a fazia agora cruzar com passos rápidos as ruas londrinas. Mas foi exatamente no instante em que seu corpo se desarmava, que sua mente experimentava um breve alívio, que seu coração se acalmava como uma criança tranquila e segura, que sentiu um baque na cabeça, e a próxima imagem que viu foi a de si mesma caída no chão.

Era um assalto, compreendeu, e instintivamente segurou com força a sua bolsa, iniciando uma inusitada luta com o homem que a assaltava. Mãos fortes a sacudiam, tentavam arrancar a bolsa que ela escondia sob seu corpo, virando-se de costas, ao mesmo tempo que tentava chutar o ladrão, que era fortemente chutada, que gritava, que pessoas se aproximavam, que o homem era cercado, a polícia chegava, e enfim o rendiam.

Quando se levantou, ajudada por alguém, olhou para o assaltante, que entrava no carro da polícia. Era um homem de quase dois metros, corpulento, olhar surpreso e enfurecido. Aquele homem não esperava de uma mulher tão pequena uma resistência tão grande. Xinram apertou a bolsa contra o peito, trêmula com a própria coragem. Naquela tarde, antes de ir para a Universidade de Londres, onde lecionava, pôs dentro de sua bolsa o único original de seu livro *As boas mulheres da China*. Havia escrito o livro à mão, e, por isso, não tinha cópias. Talvez seja por isso, ou por outro motivo qualquer. O fato é que carregava na bolsa o seu manuscrito único e solitário, com o intuito de rever algumas passagens na biblioteca da universidade. Quando compreendeu que estava sendo assaltada, agiu por instinto, como devem fazer os animais ao defender suas crias. A sorte dela é que o homem não estava realmente armado, como anunciava. Ou a sua fúria ao defender a bolsa, de certa forma, o desarmou.

Um dos policiais se aproximou de Xinram, impressionado por sua reação. Não entendia por que ela havia arriscado a vida por uma bolsa. Xinram então falou de seu livro, impressionando mais ainda o policial. Um livro é mais importante do que a sua vida?, ele retrucou. Olhava-a como se fosse uma louca, sem noção do peso e da medida de cada coisa. Mas não era a questão de ser mais importante, Xinram sabia. Como, entretanto, explicar ao policial? No instante em que reagiu, não era uma mulher de um metro e sessenta que enfrentava um homem de quase dois metros. Naquele instante, não era isso que contava. Enquanto chutava o homem e era chutada por ele, tinha apenas um pensamento. Talvez fosse mais um sentimento. Havia deixado a China para escrever e publicar aquele livro. Um livro que falava da experiência desoladora, muitas vezes trágica, de mulheres que viviam sob o totalitarismo político, que era, como se imaginava, devastador sobre as relações humanas. Estupros consentidos pelo poder militar, violência doméstica, casamentos forçados, aprisionamentos, torturas, entre outros casos calamitosos que se somavam à própria história pessoal de Xinram, igualmente triste. No segundo em que reagiu, pensava no imenso esforço emocional que teria para escrever tudo novamente. Foram dois anos dando corpo e voz a mulheres que muitas vezes não entendiam o próprio sofrimento, que muitas vezes eram vítimas sem o saber. A escrita do livro tinha sido uma experiência profunda e dolorida para Xinram. Simplesmente, não poderia passar por ela de novo. Mas não havia saída, porque, do mesmo modo, aquele livro simplesmente tinha que existir. "Xinram, você deve escrever sobre isso", lhe dissera antes um velho amigo chinês, "escrever cria uma espécie de repositório, abre espaços internos que nos ajudam a conciliar pensamentos e sentimentos. Se você não escrever, essas histórias vão sufocar o seu coração, asfixiá-lo até a morte." Como então explicar ao policial que, entre as duas mortes, a que lhe oferecia o assaltante era a que, instintivamente, menos a assustava? Deve ter sido esse o seu sentimento ao resistir ao assalto e ao segurar a bolsa, como se estivesse nela, e não em si mesma, a sua vida.

Entre escritores e estantes (I)

O escritor William Faulkner tinha o hábito de reler todos os anos os autores que amara na juventude — Cervantes, Flaubert, Balzac —, impressionado com o modo como criavam um mundo próprio, intacto, vivo, uma corrente de vitalidade ao fluir das páginas. Décadas depois, no coração de Minas Gerais, Luiz Ruffato era um jovem estudante quando descobriu os livros de William Faulkner numa livraria, encantado com os caminhos formais que o escritor americano indicava. Se, no século XIX, Flaubert lia Balzac, que lia Cervantes, e se, um século depois, os três escritores se reuniam na estante de Faulkner, na estante do escritor Luiz Ruffato, *O som e a fúria* está ao lado da *Comédia humana*.

Dizem que a escritora Virginia Woolf ficou tão impactada ao ler "Bliss", conto de sua contemporânea Katherine Mansfield, que tomou um porre homérico e ficou gritando num bar: "Morro de inveja dessa mulher!" Em algum lugar distante do centro de Londres, onde morava solitária, longe do frio, Mansfield lia cuidadosamente a obra de Woolf. "Como escreve bem!", dizia por carta ao marido. "Tão diferente de tudo e tão intrinsecamente próximo do mundo." Anos depois, do outro lado do oceano, uma jovem ucraniana que se mudou com a família para o Brasil quando tinha apenas 2 meses de idade, entrou numa livraria para comprar um livro com o seu primeiro salário. Depois de folhear vários, se deparou com um que continha frases tão singulares que ela não conseguiu se mover. "Esse livro sou eu!", pensava comovida Clarice Lispector ao ler, numa livraria do centro do Rio de Janeiro, o mesmo conto de Katherine Mansfield que Virginia Woolf havia lido. Tempos depois, Clarice escreveria um livro chamado *Felicidade clandestina*, título inspirado livremente na obra da escritora neozelandesa. Hoje, a escritora Adriana Armony reúne em sua estante os contos de Lispector, que "me parecem um ponto alto de sensibilidade e exatidão", e os romances de Virginia Woolf. Antes dos 20 anos, leu *Orlando*, impressionada pelas possibilidades existenciais e linguísticas da literatura, reveladas pela escritora inglesa.

"No ciclo eterno das mudáveis coisas", José Saramago sussurrava este verso de Fernando Pessoa, nos primeiros anos da década de 1980, enquanto escrevia *O ano da morte de Ricardo Reis*, o heterônimo preferido de seu poeta preferido. "Tão preferido que foi preciso escrever sobre ele, deslocá-lo um pouco de seu criador e torná-lo meu personagem, para nos aproximarmos." Uma década depois, a escritora Adriana Lisboa sussurrava as primeiras frases do livro de Saramago sobre Ricardo Reis, enquanto entrava numa sala da faculdade de música, onde era aluna. Muitas vezes, Adriana interrompia os estudos para atender a outro chamado irresistível. Tirava o livro de Saramago de dentro de sua bolsa e acabava deitada no carpete, devorando cada palavra, impactada por aquele jeito de escrever que continha em cada página uma música única, uma sonoridade singular. Enquanto José Saramago escrevia o seu livro sobre o heterônimo de Fernando

Pessoa, a multiplicidade do poeta português também encantava o escritor Flávio Carneiro quando era aluno do curso de Letras no Rio de Janeiro. Flávio levava os volumes da *Obra completa* de Pessoa para cima e para baixo nos corredores da universidade, perturbado pela multiplicidade criada através dos heterônimos, o criador que se alimentava e era alimentado por suas criaturas. Fernando Pessoa reinava, ao lado de Jorge Luis Borges, na mesa de cabeceira de Saramago, em Lisboa, ao mesmo tempo em que a *Obra completa* do poeta português estava no topo dos livros empilhados na estante de Flávio Carneiro, em terras muito brasileiras.

Jorge Luis Borges era um leitor tão apaixonado que dizia amar mais as páginas que leu, durante toda a sua vida, do que as que escreveu. Mais tarde, Italo Calvino diria o mesmo, mas citando o escritor Borges como sua leitura essencial, "ele consegue condensar em textos sempre de pouquíssimas páginas uma riqueza extraordinária de sugestões poéticas e de pensamento". Mais ao sul do Brasil, Cíntia Moscovich conserva os livros do autor de *Ficções* e os do autor de *O cavalheiro inexistente* permanentemente em sua mesinha de cabeceira. Lado a lado, Borges e Calvino compartilham espaço com outros escritores. "São autores que tenho lido sempre e nos quais busco, mesmo que em vão, descobrir que processo criativo seguem para desembocar naquele extraordinário grau de excelência." Entre eles, o escritor Luiz Ruffato, leitor de Machado de Assis, lido também por Adriana Lisboa, que também lê Cristovão Tezza, que lê Bernardo Carvalho, também lido por Sérgio Sant'Anna, que está na estante de Adriana Armony, que lê Clarice Lispector, lida também por Cíntia Moscovich, que sempre volta ao Ruffato, leitor de Faulkner, que era leitor de Balzac, que por sua vez era leitor de Cervantes, que era amado por Borges, que era cultuado por Calvino, que adorava Flaubert, que por sua vez dizia "amemos e reverenciemos uns aos outros em nossa arte", e repetia, mesmo aos mais céticos, "como os místicos se amam uns aos outros em Deus". O escritor Guy de Maupassant, seu fiel amigo, foi um dos únicos que compreenderam imediatamente as palavras de Flaubert, grande amante da vida e da literatura. "Ao honrar a criação um do outro, estamos honrando algo que nos liga a todos profundamente, e que nos transcende."

Entre escritores e estantes (II)

Dostoievski tinha 16 anos quando leu o primeiro romance da escritora francesa George Sand. "Lembro-me perfeitamente, tive febre durante toda a noite seguinte à leitura." A força dos personagens, a forma da narrativa e o ideal elevado da escritora perturbaram o jovem russo profundamente. Em 1930, o adolescente Nelson Rodrigues lia vorazmente os romances de Dostoievski — escritor que o acompanhou por toda a vida — sentado nos degraus da porta dos fundos de sua casa. Décadas depois, já adulto, Nelson Rodrigues disse a respeito do mestre do subterrâneo e do humor triste: "Pode-se viver para um único livro de Dostoievski." Em pleno século XXI, há uma prateleira reservada na estante da escritora Adriana Armony para os livros-calhamaços do mago russo, "sempre pequenos demais para a minha fome", e outra para toda a obra rodriguiana. Assim, em uma estante no hemisfério sul, o febril jovem russo de 16 anos e o adolescente sentado nos degraus da porta dos fundos de sua casa ultrapassam espaço e tempo e se encontram. Os livros abertos sobre os joelhos, dois rapazes de calças curtas.

O escritor Henry Miller dizia que nunca lia para passar o tempo, mas para elevar-se. "Estou sempre em busca de um autor que possa elevar-me. Projetar-me para fora de mim mesmo, e ao mesmo tempo para dentro, para mais fundo." A leitura, para o escritor americano era uma *ocupação* sagrada e não uma *desocupação*. "Não é porque não tenho nada a fazer que leio. Ao contrário, leio apesar de tudo que tenho a fazer." Décadas depois, mais ao sul deste Brasil, Cristovão Tezza também busca cavar entre os inúmeros afazeres do dia a dia o tempo para a leitura. "Leio sempre dois ou três livros simultaneamente. Cada um destinado a determinada hora." É assim que Tezza consegue ler entre intervalos de aulas, salas de espera, filas intermináveis e necessárias a toda vida urbana. Se pudesse haver uma junção de tempo e espaço, o escritor curitibano estaria acompanhado do escritor americano Truman Capote, que chegava a ler em pé no trem a caminho de algum compromisso; de Anton Tchekhov, que lia entre consultas médicas e ensaios teatrais; de Dorothy Parker, que atravessava a rua lendo — mas só depois de se certificar de que o caminho estava livre —, ela afirmava; de Jorge Luis Borges, que acordava todas as manhãs uma hora mais cedo para iniciar o dia lendo; de Graciliano Ramos, que mantinha sempre um livro no colo para ler, dentro do carro, nos sinais fechados.

O escritor alagoano lia muito, mas obsessivamente os mesmos escritores. Ele encontrava em Eça de Queiroz, Tolstoi e Dostoievski a precisão estética que buscava em sua escrita. "Deve-se escrever da mesma maneira como as lavadeiras de Alagoas fazem o seu ofício", ele dizia. "Só depois de muito lavar, bater e torcer é que dependuram a roupa no varal. Quem se mete a escrever deveria fazer a mesma coisa. A palavra não foi feita para enfeitar, brilhar como ouro falso, mas para dizer." Os livros de Graciliano Ramos ocuparam por muitos anos a mesinha de cabeceira de Cristovão Tezza: "Graciliano é uma cabeceira poderosa." A mais ou menos quatrocentos quilômetros de Curitiba, o escritor Marçal Aquino sempre retorna à sua estante para pegar um livro: *São Bernardo*. "Não canso de reler", diz Marçal, "estou sempre descobrindo este livro. A palavra no ponto exato, nenhuma vírgula sobra." Se Henry Miller estivesse vivo, e conversasse com Marçal Aquino sobre a obra-prima de Graciliano Ramos, e visitasse Cristovão Tezza e a sua mesinha de cabeceira ocupada com a obra graciliana, se lembraria de suas próprias palavras a respeito da leitura e concordaria com as do escritor paulista: "Impressionante como Graciliano transforma a literatura numa coisa elevada."

A escritora Katherine Anne Porter leu *O morro dos ventos uivantes* durante quinze anos consecutivos. "Brontë sabe captar o caos e confusão da vida humana — os nossos aspectos mais sombrios, que parecem disparatados e irreconciliáveis — e lhes dar, pela palavra, significado e forma." "É para isso que leio", disse a escritora norte-americana, "para encontrar significados onde aparentemente não há; e eles nada mais são do que a visão de mundo de determinado escritor, realizado pela forma estética." Clarice Lispector também relia sempre Emily Brontë. Uma vez escreveu a Lúcio Cardoso contando que o livro "caía" constante e plenamente em suas mãos. "Como ela me compreende", disse, deitada na cama, onde se recuperava de uma gripe, com o livro sobre o colo, "como ela me comove." O escritor Guimarães Rosa, uma vez, surpreendeu Clarice ao encontrá-la em um jantar: "Não leio você para a literatura", ele disse, repentinamente, "leio para a vida." Se alguns escritores mais intelectualizados poderiam achar o comentário pouco elogioso, Clarice, lembrando-se do livro de Brontë caído sobre o seu peito, imediatamente compreendeu. A consciência de que a palavra está registrada no papel, mas vive acima da página, fora dela, sobrevoa, ressoa para onde há vida, retorna quando realiza entendimento, comunhão, parceria, cumplicidade. "Obrigada", ela disse, em profundo agradecimento.

"Não conheço ninguém feliz no mundo que não tenha contato com a literatura", disse uma vez o escritor Marçal Aquino numa entrevista. Na outra América, mais ao norte, e em outro tempo, em 1960, a escritora Dorothy Parker, já idosa, declarou: "Quero tanto escrever bem, embora saiba que não o faço sempre... Mas durante a minha vida e até o final, adorarei aqueles que o fizeram."

Prosa, poesia porosa

Nas noites frias de Curitiba, um poeta anda pelas ruas com um comprido casaco colorido, em contraste total com os sobretudos escuros que passam por ele. Os longos bigodes negros ocupam parte do rosto, e o restante os óculos tratam de cobrir, deixando dois olhos brilhantes e inquietos à solta. Não é nenhum absurdo imaginar que, mesmo repleto de cores, o poeta, ao andar pelas ruas, não está fazendo outra coisa além de poesia. *Eu te fiz agora/ sou teu deus poema/ ajoelha e/ me adora/*, será que ele criou esses versos nessa noite enquanto virava as esquinas? Ou será que foram outros, *Aqui jaz um grande poeta/ Nada deixou escrito / Este silêncio acredito/ são suas obras completas.* Mas pode ser que, em vez de poemas, o poeta estivesse embarcando em outra viagem, a prosa. Ainda mais que esse poeta de longos bigodes nunca gostou de marcar fronteiras, pelo contrário, gostava da mistura e da desordem que ela traz. *Aqui jaz um artista/ mestre em disfarces /viver com a intensidade da arte/ levou-o ao infarte/ deus tenha pena/ dos seus disfarces.*

Paulo Leminski tomava a inquietude como profissão de fé em tudo que escreveu, tanto que se aventurou no romance com o mesmo espírito poético e libertário com que fazia poesia. Por longos dez anos, se dedicou à escrita de *Catatau*. Sobre seu livro, ele próprio disse: *Catatau* não tem enredo, tem apenas um contexto. Quase nada acontece, no sentido da narrativa do século XIX, claro. No plano da linguagem e do pensamento, acontece tudo.

Catatau foi recebido pela crítica como uma pequena joia literária, que bebia em fontes como a poesia concreta e o tropicalismo, assim como, segundo o próprio poeta, *Ulisses* e *Finnegans Wake*, de James Joyce. A ideia do romance veio de repente, enquanto Leminski dava uma aula de história. Os alunos viram o professor se calar no meio de uma frase, se aproximar de sua mesa e começar a escrever rapidamente num caderno. "E se Descartes tivesse vindo para o Brasil com o militar Maurício de Nassau?", anotou Leminski. Em seguida, desenvolveu o romance a partir dessa hipótese. René Descartes (cujo nome é latinizado para Renatus Cartesius, como era costume) chega em Pernambuco, especificamente na Recife holandesa de Maurício de Nassau, onde fica à espera de Articewski, polaco estrategista do exército da Companhia das Índias Ocidentais. Descartes, homem da razão, espera Articewski na expectativa de obter respostas para as infinitas perguntas levantadas pelo seu contato com o mundo tropical, onde as paisagens, as línguas, os costumes, tudo lhe parece excessivo e desmedido.

"O poliglota analfabeto, de tanto virar o mundo, ver as coisas e falar os papos, parou para pensar ao pé de uma montanha. Assaltaram-no dois pensamentos. Um na língua materna, outro em língua estrangeira. O primeiro fez a pergunta, o outro respondeu. Resultado: sou pai de minhas perguntas e filho de minhas respostas", escreveu Leminski em *Catatau*. O livro traça um criativo embate entre a razão cartesiana e a lógica tresloucada dos trópicos. Disse o próprio autor: "O *Catatau* é o fracasso da lógica cartesiana branca no calor, o fracasso do leitor em entendê-lo, emblema do fracasso do projeto batavo, branco, no trópico."

Apesar da boa recepção da crítica para seu romance de estreia, Leminski só retornou à prosa nove anos depois. O seu segundo romance, *Agora é que são elas*, segue uma linha diferente da experimentação linguística desenvolvida no primeiro, o que garantiu o nariz torcido da crítica da época. A linguagem é propositadamente desleixada e aparentemente despretensiosa, ao contrário de *Catatau*, que possuía um projeto estético bastante definido. Esse aparente desleixo e despretensão, porém, esconde outra proposta criativa do autor, que escapou aos críticos na época do lançamento. Ultimamente, no entanto, *Agora é que são elas* vem ganhando grande valorização e sendo considerado como um dos grandes romances dos últimos anos, a ponto de merecer um entusiasmado ensaio do professor Boris Schnaiderman, escrito logo após a morte de Leminski, no qual ele ressalta a inquietação do escritor curitibano. Em *Catatau*, Leminski já havia rompido com a estrutura tradicional, mas a partir de outro prisma. O *Catatau* é um antirromance, mas na linha da introspecção estética joyciana, cujas publicações do *Ulysses* e do *Finnegans Wake* despertou nos críticos e teóricos um sentimento de esgotamento do gênero enquanto possibilidade de realização da linguagem. O *Agora é que são elas* segue por um caminho mais conceitual, que dificulta sua digestão sobretudo porque seu exercício metalinguístico está envolto por uma névoa de falsa fragilidade de enredo. A história não ocorre; se contradiz a cada impressão de avanço. Para ir ao encontro das reflexões, o leitor tem de atravessar a barreira da "porra-louquice" de que se constitui o universo narrativo do texto.

Schnaiderman diz que *Agora é que são elas* é uma brincadeira com a impossibilidade de escrever um romance redondo hoje. "Essa visão redonda do século XX acabou. O romance não é um ícone do século XX. Os grandes romancistas do século XX nasceram no século XIX. Kafka, Thomas Mann, Joyce fizeram a cabeça um pouco antes da Primeira Guerra Mundial. Seu universo era do século XIX. Escritores com a cabeça feita no século XX não são capazes de escrever um romance como se fazia antes. Em seus dois romances, Leminski buscou esgarçar os limites da tradição literária realista. Em *Catatau*, ao contestar o pensamento cartesiano, mostrando-o extremamente frágil e vulnerável às influências inebriantes das forças tropicais, e em *Agora é que são elas*, camuflando a linguagem numa máscara de desleixo, como se o desinteresse pela trama funcionasse como uma forma de contestar, inclusive, o próprio ato de contestação formal do romance. É uma negação da negação. *Sim eu quis a prosa/ essa deusa só diz besteiras/ fala das coisas como se novas/ não quis a prosa apenas a ideia/ uma ideia de prosa em esperma de trova/ um gozo uma gosma/ uma poesia porosa.*

Só é louco quem não é

Ao ler o primeiro livro do escritor mineiro Campos de Carvalho, *A lua vem da Ásia*, lá por volta de 1956, o escritor baiano Jorge Amado ficou tão impressionado que entrou numa livraria em Salvador e comprou todos os exemplares disponíveis, para presentear os amigos. Entusiasmado, exaltou Campos de Carvalho como uma grande revelação na literatura brasileira, dono de uma voz narrativa inusitada e original. A exaltação, porém, de um escritor longe do regionalismo e da tradição realista não teve muita repercussão em um país que enfrentava graves questões políticas. A prosa alucinada de voos surrealistas, como a crítica dizia, não encontrou espaço em meio às ditaduras políticas vigentes na época de publicação de seus livros, durante quase uma década. Nem o primeiro, em 1954, nem o último, *O púcaro búlgaro*, em 1964. Tampouco teve repercussão no próprio meio literário, voltado para uma literatura demasiadamente conectada com a realidade e as questões sociais. Alguns de seus pares chegaram mesmo a considerar a sua escrita alienada e sem propósito. "E Campos de Carvalho?", exclamou Mario de Andrade numa carta a Fernando Sabino. "Você já o leu? Mas.. o que é aquilo?" O escritor modernista considerava o texto de Carvalho fora de seu tempo e desconectado das suas principais temáticas. Mais tarde, ciente do isolamento que seu trabalho começou a sofrer, o próprio Carvalho retrucou na voz do narrador em *O púcaro búlgaro*: "Não sou eu que ando um pouco fora de época: é a época!"

A narrativa inusitada, delirante, unida ao temperamento contestador e arredio, à franca oposição ao regionalismo vigente e a recusa à militância política cobrada pelos seus pares, assim como os constantes conflitos com os editores levaram Campos de Carvalho a se afastar e, de certa forma, a ser afastado da literatura. Ao não se encaixar nos princípios ideológicos e estéticos nem destes nem daqueles, acabou sendo ignorado, passando ao largo dos grandes escritores da época.

Inconformado, Jorge Amado não entendia como um escritor tão talentoso recebia críticas tão injustas a respeito de sua obra, curta, mas altamente criativa e excepcional. Na intenção de confortá-lo, lhe disse uma vez: "Você só será compreendido daqui a trinta anos." O escritor baiano quis dizer que a obra de Campos de Carvalho estava além da compreensão do seu tempo, limitada pelas circunstâncias e perspectivas da época. Campos de Carvalho recebeu a declaração porém como uma triste profecia. Décadas depois, em entrevista ao jornal *O Estado de S. Paulo*, pouco antes de morrer, declarou amargurado: "Eu não sabia que trinta anos demoravam tanto a passar."

Mas as palavras de Jorge Amado foram, realmente, proféticas. Em 1995, trinta e um anos justos após a publicação de seu último livro, *O púcaro búlgaro*, a editora José Olympio relançou a obra completa do autor. Foi o profeta baiano o autor do prefácio: "Poucas notícias me alegraram tanto nos últimos tempos quanto esta que recebo por fax da Maria

Amélia Mello, gerente editorial da José Olympio Editora: a José Olympio vai reeditar os quatro romances publicados por Campos de Carvalho. Tenho vontade de sair gritando aleluia pelo Rio Vermelho afora: uma das obras maiores da literatura brasileira, por tantos anos esquecida, fora das montras das livrarias, reencontra o caminho do público e do reconhecimento da crítica."

Mas antes mesmo de os livros voltarem às livrarias, o escritor já tomava novo alento, planejando pôr fim a um silêncio de três décadas. Campos de Carvalho não só havia desaparecido da cena literária, mas havia também parado de escrever. O consolo do padrinho literário se tornara profecia, e a profecia se tornou maldição, a despeito das melhores intenções. "Perdi o tom", o escritor mineiro explicou em uma entrevista. "Eu tentei várias vezes", ele diz, "mas de tudo o que eu escrevia saía tragédia. Eu queria escrever humor, mas ficava sério."

O humor tinha significado profundo para Campos de Carvalho. Ao dar uma entrevista ao escritor Mario Prata, Campos de Carvalho recebeu-o em seu apartamento com um pedaço de papel maldatilografado. Eram as perguntas e as respostas da entrevista já feitas. A rápida autoentrevista terminava justamente com uma pergunta sobre o humor: "O que significa o humor para você?" E a resposta: "Significa o auge de qualquer ficção ou de qualquer outra arte, no sentido de sublimação do sublime, da efervescência do fervor ou da originalidade do original. É um passo à frente de qualquer vanguarda, que se arrisca ao hermetismo da própria linguagem, ao desconhecido, ao inefável. É o caso de *Finnegans Wake*, por exemplo, ou do mais nebuloso poema de Mallarmé, cujo humor intrínseco sempre nos escapa (tão-me estranho, tão-me intrínseco) por mais que o tentemos desvendar. É o caso também do extenso poema em prosa 'Hebdomeros', de Giorgio de Chirico, cuja facilidade aparente é apenas a maneira que o autor encontrou para melhor se disfarçar e não se expor ao ridículo, que nele é apenas o humor verdadeiro e sutil. Note-se que não estou sequer tentando comparar-me a esses luminares da literatura de ontem, mas apenas tentando justificar meu total apreço pelo humor como forma de arte, mesmo partindo de uma pequena experiência como *O púcaro búlgaro.*"

Não é difícil entender por que, sem conseguir o acesso ao próprio humor nonsense e corrosivo, sem a expressão do narrador desestabilizador assumindo o lugar daquele que comumente organiza o relato, na narrativa convencional, o escritor mineiro tenha preferido o silêncio. Tinha esperanças, entretanto, de voltar à ativa após o relançamento de seus livros. Campos de Carvalho intuía que as novas gerações poderiam compreender melhor o seu trabalho. Repetia e confirmava, talvez sem perceber claramente, as palavras proféticas de Jorge Amado. A sua proposta artística, que o distanciou dos seus contemporâneos, era conscientemente avessa à lógica cartesiana na construção narrativa e às referências realistas, uma experiência literária que permanece inovadora ainda nos dias de hoje. As noções de mensagem, conteúdo, enredo, narrador onisciente, espaço e tempo são totalmente desconstruídas por Campos de Carvalho, por meio do nonsense e do humor. Nas primeiras linhas de *A lua vem da Ásia*, o autor escreveu: "Aos 16 anos matei meu professor de lógica, invocando legítima defesa. E que defesa seria mais legítima?" Sim, o que seria mais legítimo do que, morto o professor de lógica, morta a lógica, abrir espaço para a imaginação?

Escrita pura, escrita contaminada

No momento da criação, várias forças se encontram, disse, uma vez, o crítico e professor Reinaldo Laddaga. Além do esforço do próprio ato criativo, estão presentes a força imaginativa, sem a qual nenhum trabalho artístico pode vingar, e uma espécie de energia dinâmica que parece atuar sobre a criação de forma dupla: às vezes, obscuramente, sem a consciência total do artista. E, em outras vezes, com o seu total conhecimento. De uma forma ou de outra, essa força se expressa na obra concretamente por meio do direcionamento que o artista, no caso, o escritor, dá à sua obra. Direcionamento que se evidencia na forma de um estilo, uma intenção estética, uma escolha de caminho artístico, uma proposta criativa, que, longe de servir apenas ao livro escrito no momento, serve na formação de todo um pensamento e direcionamento de sua obra. É um modo específico de ver e fazer literatura.

Nas últimas linhas do ensaio *Introducción a un lenguaje invertebrado, una situación de João Gilberto Noll*, Laddaga aponta uma *constelación* de escritores (Clarice Lispector, Julio Cortázar, Guimarães Rosa, Octavio Paz, Juan Rulfo, João Gilberto Noll, entre outros) que teriam em comum a composição de uma escrita singular. Em seu ensaio, Laddaga se debruça sobre a escrita de Noll na busca de abarcar a singularidade de sua obra. Ao fazer isso, levanta uma questão interessante: a de que por trás da história contada (ou não), da linguagem, e, até mesmo, do escritor, há, em Noll, uma proposta literária que alimenta e desafia a criação.

Na medida em que o autor se conscientiza, internaliza, ou pensa sobre a sua proposta, passa a trabalhar nela como fonte de inspiração e reflexão. Reflexão sobre a escrita, sobre os modos de escrever, as possibilidades neste caminho. E a sua obra vai refletir e expressar essa busca em formas próprias, que marcarão cada vez mais o estilo e a voz desse escritor. Não se trata mais de contar uma história, mas de *como* contá-la. Essa mudança de atitude envolve uma relação diferente e singular com a linguagem, assim como envolve um posicionamento do escritor diante de toda a história literária.

Em entrevista à revista americana *Brasil/Brazil*, Noll disse: "me identifico mais com a forma litúrgica medieval do que com essa cultura do século XIX, da ascensão burguesa [...] tenho dificuldade neurológica de acompanhar essa narrativa que nasceu do folhetim [...] não consigo me sentar para ver um filme com muita historinha. É por isso que as artes plásticas são o meio de expressão artística que mais tem me chamado a atenção ultimamente". É instigante saber que um escritor tem se interessado mais por artes plásticas do que por narrativas, talvez por ser uma linguagem com mais acesso a recursos expressivos não cotidianos, com potencial de expressividade imagética imediata? Sem necessidade de enredo, contexto, verossimilhança e tudo o mais que a literatura engloba? Apesar de escrever prosa, Noll afasta-se do romance tradicional desenvolvido desde o século XIX e alimenta seu interesse e imaginário com cores, formas, volumes, densidades, texturas, perspectivas, imagens. Elementos que, curiosamente, também são, em sua maioria, próprios de outra linguagem: a poesia.

Julio Cortázar, outro escritor da *constelación*, desenvolve, bem ao seu estilo, considerações a respeito da presença, também em sua literatura, da poesia. "Não existe linguagem romanesca pura, posto que não existe romance puro [...] Toda narração comporta o uso de uma linguagem científica, enunciativa, com a qual se alterna, imbricando-se inextricavelmente, uma linguagem poética, simbólica, produto intuitivo em que a palavra, a frase, a pausa e o silêncio transcendem a sua significação idiomática direta."

Em *A fúria do corpo*, romance de estreia de João Gilberto Noll, parece que o modo poético absorve o enunciativo. "É quando vejo que a alma de Afrodite arde em labaredas roxas, baba lavas, ruge lascas de uma língua dura feito pedra, silva um canto caudaloso, enxurra mais que vogais e consoantes, ergue as mãos livres, crispa as unhas na lua, menstrua cólicas abismais, vomita fogo, se enrijece a ponto de os pés cravarem os nervos no asfalto." Ainda que se identifique a estrutura narrativa, o relato e a ação, há a fusão dos dois modos, embora sob imposição imperativa do poético, que acaba por transformar o resultado estético da prosa. A escrita de Noll se afasta radicalmente do romance burguês do século XIX e das suas heranças desenvolvidas durante o século XX, se aproximando muito mais das experimentações modernistas. Laddaga sugere essa aproximação, e Cortázar dá a dica: "Qualquer romance contemporâneo com alguma significação revela uma influência surrealista, num sentido ou noutro; a irrupção da linguagem poética sem fim ornamental, os temas fronteiriços, a aceitação submissa de um transbordamento de realidade no sonho, o 'acaso', a magia, a presença do não euclidiano que procura se manifestar assim que aprendemos a lhe abrir as portas são contaminações surrealistas dentro da maior ou menor continuidade tradicional da literatura."

Numa entrevista, o jornalista Ronaldo Bressane pergunta sobre a predominância da carga imagética em seus livros, e Noll fala da importância da poesia em sua obra. "Mas isso que você chama de imagético eu chamo de pele da linguagem, que tem uma musicalidade. Alguma coisa ligada à fome de beleza [....] acho que é uma certa compensação, pelo menos na minha luta de chegar à poesia. Estou querendo cada vez mais esse hibridismo — prosa e poesia — mas que não seja aquela prosa poética um pouco engalanada, que não me interessa. [...] Claro que esta busca pela beleza não passa pelo ideal clássico, cadavérico, pronto, mas uma beleza que seja furiosa, até deselegante, feia. A literatura não é um documento naturalista. A gente está empapuçado de naturalismo. A literatura necessita de uma transfiguração estilística. A minha utopia hoje é dissolver as fronteiras entre prosa e poesia."

Laddaga denomina a sua *constelación* de Modernismo tardio, um nome que mais obscurece do que esclarece, ele próprio diz, mas que também indica a aproximação com a escrita que busca a ruptura com as técnicas tradicionais. Esse dado já indica uma opção, uma estrada, mas, dentro desta, como se dão os passos, as paradas, a assinatura de cada escritor, que torna a sua escrita singular? Laddaga pergunta: "*¿A qué se debe su formación? ¿Qué deseos vehicula? ¿Y de qué imposiciones de lo real atestiga?*"

A literatura tradicional, os clássicos e a literatura de vanguarda convivem, talvez não sem arestas e faíscas, na mes-

184

ma estante do escritório do escritor contemporâneo. A sua maior angústia e desafio se torna a busca de um caminho que concretize o seu potencial criativo com propriedade. A escrita de Noll, Clarice, Cortázar, citados por Laddaga, se constrói a partir de um lugar que o escritor assume diante dessa imensa herança, com atitude, projeto e visão literária própria, singular.

O talismã do escritor

Aquilo a que a terminologia romântica chama gênio ou inspiração não é mais do que encontrar empiricamente o caminho, seguir o próprio olfato.
Italo Calvino

É conhecido o episódio em que o jovem e autor estreante Italo Calvino abafou por anos em sua mente a voz que suplicava para ele escrever uma história maluca passada na Idade Média na qual um visconde era partido ao meio por uma bala de canhão e assim mesmo, partido, cada metade começava a vagar pelo mundo, cada uma com uma personalidade, uma parte boa, a outra má, e as duas insuportáveis. Calvino preferiu, em vez de escrever essa história, ceder aos apelos de seu tempo e dos intelectuais da época, que saudavam e abriam generosamente espaço em periódicos e jornais a livros de teor político, de temática socialista. No meio literário, os romances chamados de neorrealistas, com temas e enredos voltados para a realidade social, eram aplaudidos e exaltados, enquanto os que se desviavam de alguma forma desse caminho recebiam olhares tortos, críticas severas, ou, ainda pior, o silêncio. Eram vistos como ultrapassados, e seus autores, alienados. Calvino publicou o livro com a temática exaltada pelos intelectuais contemporâneos esperando boa receptividade e elogios, mas a crítica positiva não foi unânime. No meio político, elogiaram o tema. Nas resenhas literárias, o consideraram importante para o debate das questões da época. No entanto, ninguém foi capaz de dizer que havia gostado do livro. Calvino começou inclusive a desconfiar que ninguém tinha passado da terceira página. Foi um amigo, também escritor, distante da política e da academia, que veio em seu socorro. Após uma conversa angustiada, confessou a Calvino que achou seu livro monocórdio e chato. Apesar da temática, era pouco consistente e não parecia dizer muito ao que veio. Ao voltar para casa, Calvino, arrasado, escutou novamente a voz que invadia sua mente contando uma história de outros tempos, com personagens e situações que extrapolavam a realidade e a verossimilhança. Vencido, deixou-se enfim levar por essa voz, que, percebeu depois, não lhe era desconhecida, muito menos externa ao seu universo pessoal. Não lhe vinha do lado de fora, como as opiniões e os ditames dos intelectuais, políticos e acadêmicos de literatura da sua época. Vinha lá de dentro, de um lugar impreciso, mas firme em sua inquietude e maneira de mostrar e visualizar o mundo.

Quando parou de resistir a essa voz, Calvino foi tomado por um incessante fluxo criativo que resultou no romance *O visconde partido ao meio*, livro que lhe trouxe imensa satisfação pessoal. Durante o processo da escrita, ficou inteiramente entregue à voz interior e só a ela. Descobriu assim o seu caminho na literatura, o seu modo peculiar de ver o mundo e de dizê-lo. "Compreendi que a tarefa do escritor reside apenas em fazer o que sabe fazer: no caso do narrador, isso reside no narrar, no representar, no inventar."

Durante toda a sua carreira, Calvino se lembrou desse fato do início de sua vida literária como um precioso talismã. Graças a essa lembrança nunca perdeu a confiança em sua intuição criativa, que muitas vezes o levava a escrever histórias que iam na direção totalmente oposta à eleita tanto pelo mercado quanto pela crítica literária. "Há muitos anos parei de estabelecer preceitos sobre como se deveria escrever: de que adianta pregar certo tipo de literatura ou outro, se depois as coisas que se tem vontade de escrever são talvez totalmente diferentes? Levei algum tempo para entender que as intenções e opiniões não contam, conta o que alguém realiza", disse o escritor anos depois, em uma entrevista, quando, apesar de ter seguido um caminho independente dos apelos e da crítica, já havia se tornado um escritor consagrado no mundo todo.

De posse do seu talismã, Calvino ainda levou dez anos para se considerar, de fato, um escritor. "Necessitava de tempo para consolidar dentro de mim a voz que me lançava ao universo fantástico, enquanto, simultaneamente, era impelido cada vez mais a lidar com os aspectos da narrativa. Me sentia atraído, não pela ilusão criada pela arte literária, mas pelos artifícios criadores dessa ilusão." Enquanto a maior parte dos escritores de seu tempo buscava escrever uma representação da realidade, Calvino se direcionava para o caminho oposto. Não queria passar a impressão de que, ao ler seus livros, lia-se a vida. Queria que fosse lida a vida escrita. Queria a consciência de que se lia um livro, uma história de ficção erguida pelas palavras e pelo jogo literário. "Calvino jamais substituiu a literatura pela vida", disse Berardinelli, autor dos principais textos críticos sobre Calvino. "Nele a literatura permanece lucidamente um espaço bem-delimitado, bidimensional, no qual pela arte podem ser criados efeitos perceptivos ilusionistas, terceiras e quartas dimensões e jogos de espelho, mas onde permanece inconcebível que se sofra, que sejamos condenados, tornemo-nos imbecis, loucos ou culpados."

Calvino não queria que o leitor esquecesse que estava envolvido em um processo de leitura, do mesmo modo em que mantinha a autossuficiência do universo criado. "Em momento nenhum negaria a literatura como um espaço de experiências. Mas, para mim, os conceitos de mundo escrito e mundo não escrito são mais abrangentes do que a oposição geralmente estabelecida entre a realidade e a ficção." O texto escrito, ou o mundo escrito, para Calvino, é um universo próprio, distinto, assim como o mundo não escrito. Ambos se relacionam, mas não se espelham. Se fosse para estabelecer uma diferença entre eles não seria a questão da verossimilhança, mas a da forma. "Você sabe melhor do que ninguém, sábio Kublai, que jamais se deve confundir uma cidade com o discurso que a descreve. Contudo, existe uma ligação entre eles", está dito em *As cidades invisíveis*. Ligação que promove movimento contínuo entre um mundo e outro, e não a busca comparativa de referências e identificações. Consciência em relação ao próprio trabalho criativo adquirida por meio de uma escuta permanente à sua voz interior, o que levou o escritor a um caminho singular e original na literatura. Visão exposta em um dos seus inúmeros ensaios literários, nos quais pensava intensamente sobre o ato de escrever: "A palavra associa o traço visível à coisa invisível, à coisa ausente, à coisa desejada ou temida, como uma frágil passarela improvisada sobre o abismo."

Este livro foi composto na tipologia Adobe Jenson Pro,
em corpo 12/15,3, e impresso em papel off-white 80g/m²,
no Sistema Cameron da Divisão Gráfica
da Distribuidora Record.